Dieses Buch gehört

_____

Kurt Seelmann
Gabriele Haug-Schnabel

Woher kommen die kleinen Jungen und Mädchen?

Ein Buch zum Vor- und Selberlesen

Mit Zeichnungen von Aiga Rasch
und Fotos von Luke Golobitsh

Ernst Reinhardt Verlag
München Basel

Natürlich für Nikolas und Anouk!

Was du in diesem Buch lesen kannst

1. Hallo, wie geht es dir denn heute? 7
2. Liebe ist nur etwas für Erwachsene … so ein Quatsch! 11
3. Wenn man jemand gern hat, kann man Tolles machen 16
4. Friede, Freude, Eierkuchen – zur Liebe gehört auch Neinsagen 20
5. Wie ein Junge, wie ein Mädchen? Nein, wie du, ganz speziell du! 26
6. So sehen Mädchen und Jungen aus, wenn sie nichts anhaben 30
7. Mein Körper ist schön! 35
8. Mein Körper gehört mir! 38
9. Es gibt prima Geheimnisse und saublöde Geheimnisse 40
10. Dein Zuhause ist ein ganz besonderer Ort 45
11. Wegen der Scham brauchst du dich nicht zu schämen 48
12. Ein Mädchen wird eine Frau, ein Junge wird ein Mann 51
13. Wie kommt das Baby in den Bauch rein? 58
14. Was macht das Baby eigentlich im Bauch? Und wie kommt es da raus? 62
15. Sich lieben, sich schützen, sich für ein Kind entscheiden 68
16. Wer liebt wen? 72
17. Wer lebt mit wem zusammen, oder was ist eine Familie? 76
18. Es gibt Ausdrücke, die sind blöd, und manche sind sogar mehr als blöd 80
19. Von den total blöden Mädchen und den völlig bescheuerten Jungs zu echt starken Weibern und sweeten Superkerls 84
20. Es ist spannend, die Großen zu beobachten 88
21. Jetzt sei doch einfach mal neugierig und frag! 91

1. Hallo, wie geht es dir denn heute?

Na, wie bist du denn heute drauf? Hast du dir das überhaupt schon überlegt? An manchen Tagen braucht man nicht groß nachzudenken. Alle lächeln, die Welt scheint es gut mit einem zu meinen. Keine Probleme, alles gelingt, jede Schwierigkeit verschwindet wie von selbst. Sogar die weniger netten Klassenkameraden geben sich an so einem Tag friedlich, fast liebevoll. Man sieht dir deine gute Laune an, du strahlst über alle „vier" Backen.

Aber es gibt auch andere Tage, leider. Wenn dich doch dann mal einer fragen würde: „Na, wie geht's?" und dabei über deinen Kopf streicheln würde. Was ist eigentlich schlimmer? Wenn alle so tun, als ob sie nicht merken würden, wie schlecht es dir geht, wie sauer, wütend, traurig, enttäuscht, einsam oder hilflos du bist? Oder wenn sie dich zwar ansprechen, dann aber nur kurz im Vorbeigehen fragen, was denn nun schon wieder mit dir los ist? Immer noch beleidigte Leberwurst, Angsthase, Wutmichel, Dappes oder Trotzkopf?

Bist du auch meiner Meinung, dass man sich ganz unterschiedlich fühlen kann, von himmlisch bis saublöd? Das gilt nicht nur für Kinder, genauso geht es den Erwachsenen.

- ♥ Himmlische Gefühle entstehen: am ersten Ferientag, wenn du abends lange aufbleiben und morgens ausschlafen kannst.
- ♥ Es ist herrlich, wenn du dein eigenes Kaninchen streichelst, eine Nachtwanderung machst oder merkst, dass deine großen Geschwister stolz auf dich sind.

💜 Ein unheimlich gutes Gefühl ist es auch, ganz arg Hunger zu haben und schon zu wissen, dass es gleich das Lieblingsessen gibt, oder den ganzen Tag mit Freunden zu spielen und sich dreckig machen zu dürfen.

💜 Oder wenn dein Freund oder deine Freundin nach einem Krach eine Friedensbotschaft schickt, wenn Papa dich wärmt und du mit Mamas Duft in der Nase einschläfst.

Ein besonders blödes Gefühl schleicht durch den Körper, wenn du ausgelacht oder verspottet wirst, vor anderen ausgeschimpft oder beleidigt wirst, womöglich eine Ohrfeige bekommst.

Oder wenn man den berühmten Kloß im Hals spürt, sich aber nicht zu weinen traut, wenn man nach einer Dummheit in sein Zimmer geschickt worden ist und im Wohnzimmer alle anderen miteinander lachen hört, wenn man nicht mitspielen darf.

Kennst du das Gefühl, wenn man etwas kaputt gemacht hat und sich einfach noch nicht dafür entschuldigen kann, wenn man wieder den blöden, kratzigen Pullover anziehen muss, wenn man glaubt, das Geschwisterchen würde mehr geliebt, oder es wäre allen egal, dass man ganz allein im dunklen Zimmer weint.

Lachen, jubeln und vor Vergnügen quietschen, weil etwas ganz Schönes passiert, das sind eindeutige Zeichen von Menschen, die sich wohl fühlen. Zeichen, die alle gut erkennen können. Das Glücksgefühl muss irgendwie raus, sonst platzt der Bauch! Das kennst du sicher. Wenn dann niemand mit dir lacht, sich mit dir freut, womöglich jemand sogar gleich sagt: „Jetzt reicht es aber! Sei doch nicht so laut!", dann bist du bestimmt ein bisschen enttäuscht. Ein Gefühl, wie wenn die Luft aus einem Ballon entweicht. Am schönsten ist es, wenn andere sich mit dir freuen und mit dir

Spaß haben. Dann wird alles plötzlich noch mal so schön. Geteilte Freude ist noch mehr als Freude für einen allein.

Und so ist es auch, wenn du traurig bist. Dir geht es zwar ganz anders, aber auch dann möchtest du, dass jemand mit dir fühlt. Auch jetzt sendest du Signale aus, um zu zeigen, wie schlecht es dir geht. Du weinst, schreist, stampfst, wehrst dich, schmollst, schimpfst oder machst ein todtrauriges Gesicht und sprichst kein Wort mehr. Vielleicht verschwindest du hinter dem Sofa oder in deinem Zimmer und knallst auch noch die Türe hinter dir zu. „Ich will keinen mehr von euch sehen!", denkst du. Aber das ändert sich ganz schnell. Eine kurze Zeit mit sich allein wütend oder traurig sein, ist ja ganz gut, doch dann sollte jemand kommen, der zeigt, dass er sich vorstellen kann, wie man sich jetzt fühlt. Ein bisschen mit dir leiden, ein bisschen mit dir wütend sein, ein bisschen mit dir enttäuscht sein – daran merkt man, dass einer einen liebhat, auch wenn man gerade noch blöd war oder eben unheimlich unglücklich. Geteiltes Leid ist nämlich nur halbes Leid. (Weißt du noch, geteiltes Glück war doppeltes Glück? Du siehst, für deine Gefühle gilt eine ganz besondere Mathematik!)

Nach manchen Situationen hast du einfach Angst, fühlst du die Wut hochsteigen, bist ganz stark enttäuscht oder unheimlich beleidigt. Und du darfst ängstlich, wütend, enttäuscht und beleidigt sein, auch mal schlechte Laune haben und das alles den für dich wichtigen Personen deutlich zeigen. Sie müssen wissen, wann du unglücklich bist und was in dir vorgeht, um die Situation verändern und dir helfen zu können. Ich finde es am schönsten, wenn nach dem Beruhigen, Trösten oder Friedenschließen gemeinsam überlegt wird, wie der Kummer beseitigt oder das Problem gelöst werden können. Oder wie alle zusammen eine solch blöde Situation das nächste Mal verhindern können. Ist das schlechte Gefühl erst einmal weg, findet sich meist eine recht gute Lösung.

Glück mit anderen zusammen erleben oder jemandem in einer Notlage helfen, können vor allem Menschen, die dies selbst immer wieder am eigenen Leib erlebt haben – und zwar schon als Kind. Hat ein Kind selbst schon oft erlebt, dass seine Hilferufe erhört werden und immer schnell jemand kommt, um es in den Arm zu nehmen und zu trösten, so wird es genau dieses auch bald bei anderen Kindern machen. Ein Taschentuch geben, streicheln, beruhigend sprechen, aufheben, Wunde ansehen oder versuchen, dem Unglücklichen eine Freude zu machen.

Es ist wichtig, seine Gefühle zu zeigen und sie nicht zu unterdrücken. Wichtig für die anderen, damit sie merken, was in dir vorgeht und was du dir von ihnen wünschst. Es ist aber genauso wichtig, dass die anderen dir ihre Gefühle zeigen, damit auch du sie erkennen und dann richtig reagieren kannst.

2. Liebe ist nur etwas für Erwachsene ... so ein Quatsch!

„Ach, da bist du doch noch viel zu klein dazu!" Diesen Satz hast du sicher schon oft gehört. Meist wird er dich geärgert haben, weil du ihn als ungerecht, schon fast als gemein empfunden hast. Manchmal hast du aber vielleicht im nachhinein gedacht, es könnte sein, dass deine Eltern doch Recht hatten, dir dies oder das zu verbieten, da es einfach noch viel zu gefährlich, zu anstrengend, zu aufregend für dich gewesen wäre und dir auch noch keinen Spaß gemacht hätte. Meist werden es sich deine Eltern genau überlegen, warum sie dir etwas verbieten. (Sei deshalb nicht traurig, das geht

dir ja alles nicht verloren, bis in ein paar Jahren kannst du aufbleiben, so lange du willst, kannst ins Kino, wann du willst, lesen, was du willst, verreisen und und und. Denk doch mal, was sich die Großen meist nicht mehr zu machen trauen: stundenlang über einen Witz lachen, tagelang spielen, Wasserbomben um die Wette schleudern, mit den Fingern essen, ordentlich matschen, sich im Sand wälzen und so weiter und so fort.)

Wenn jedoch deine Schwester sagt: „Los Kleiner, verschwinde, dafür bist du noch viel zu klein!" weil sie mit ihrem Freund ohne dich als Publikum vor der Haustür schmusen möchte, so stimmt das nicht. Man kann zwar verstehen, dass sie ungestört schmusen möchte – was sie dann auch geradeheraus und vielleicht ein bisschen netter sagen könnte. Aber für alles, was mit Liebhaben und speziell Schmusen zu tun hat, bist du keineswegs zu klein!

Und ich glaube auch, dass es nur eine Ausrede ist, wenn Erwachsene auf deine Fragen nach Dingen, die mit Liebe zu tun haben, antworten, dafür wärst du noch viel zu klein und deshalb würden sie dir die Fragen erst später beantworten wollen. Wahrscheinlich wissen sie einfach im Moment noch nicht, wie die richtige Antwort aussehen könnte, da sie sich selbst dazu noch keine großen Gedanken gemacht haben. Oder sie müssen noch überlegen, wie sie dir dies am besten erklären sollen. Der Grund dafür, die Antwort auf später verschieben zu wollen, ist, dass die Erwachsenen auf deine Fragen noch nicht vorbereitet gewesen sind. Aber du bist auf alle Fälle für eine Antwort auf deine Fragen nie zu jung.

Das wäre ja eine Katastrophe, wenn so etwas Tolles wie Liebe nur von Erwachsenen gefühlt werden könnte – und womöglich nur auf ihre spezielle Erwachsenenart – und die Liebe mit allem, was dazugehört, einem bis ins Erwachsenenalter noch nie begegnet wäre. Aber keine Angst, das ist keineswegs so.

Gleich nach deiner Geburt hat das mit dem Lieben für dich angefangen. Deine Eltern haben dich begrüßt, dich sogar schon mit deinem Namen angeredet. Zuerst ganz, ganz vorsichtig haben sie dich gestreichelt und geküsst (damit kein Öhrchen abfällt!), dann immer noch zärtlich, aber langsam herzhafter mit dir geschmust und gespielt (als sie festgestellt hatten, dass du keineswegs zerbrechlich bist!). Opa, Oma, Geschwister, Tanten, Onkel, Freunde, Nachbarn und wer noch alles haben dich angelächelt, angesprochen und zu streicheln versucht, aber Mama und Papa haben genau aufgepasst, dass dir das Theater nicht zu viel wurde. Mein Gott, was für süße Speckfalten! Guck doch mal die kleine Nase an! So ein kugelrunder Po! Nein, diese Fingerchen, das reine Wunder!

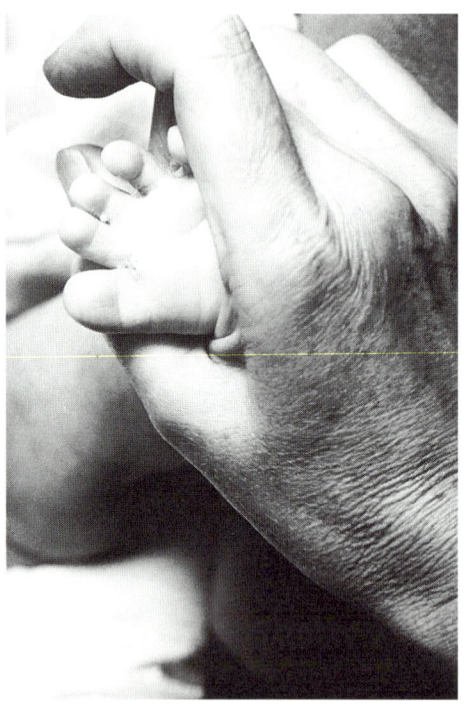

Heute würdest du das alles verständlicherweise recht nervig finden, doch damals hast du hoffentlich gespürt, wie viele sich gefreut haben, dass es dich endlich gibt.

Am schönsten war natürlich das Schmusen mit Mama und Papa. Am besten an irgendeinem warmen Platz, nackt auf Mamas Samthaut oder Papas Kitzelhaut. Ihre fröhlichen Stimmen hören, sie lächeln sehen, sie riechen – oh, was für ein Duft! Wie gut das war, kannst du dir am besten vorstellen, wenn du daran denkst, wie schön es heute noch ist, zu Mama oder Papa ins Bett zu schlüpfen, wieder diese Weichheit und Wärme zu spüren, ganz fest gehalten zu werden und diesen Duft zu riechen.

Als Baby hast du auch schon gespürt, ob du allein im Zimmer warst oder ob jemand in deiner Nähe war, besonders beim Einschlafen und Aufwachen. Und wie schön es war, wenn du bei Einsamkeit gar nicht lange rufen oder weinen musstest, sondern gleich jemand ganz Vertrautes kam, um dich anzusprechen und zu beruhigen. „Ich bin bei dir, du bist nicht allein, du musst keine Angst haben!" Wenn du das erlebt hast, hast du Liebe erlebt – und zwar schon als klitzekleines Baby und nicht erst als verliebter und geliebter Erwachsener.

Sicher bist du oft getragen und auf den Armen gewiegt worden. Am meisten lieben es Babys, wenn sie direkt am Körper der Eltern getragen werden. Mama und Papa haben mit dir gesungen, gespielt, haben dir vieles gezeigt: deinen großen Zeh, einen Hampelmann, das Mobile an der Decke, die Blume auf der Wiese. Und du hast mit ihnen geschmust, dich ganz, ganz eng angekuschelt, hast gejauchzt, mit Papas Fingern gespielt, an Mamas Nase geschnullt und auf ihrem Bauch gewippt.

Also von wegen, noch zu klein: ein echter Spezialist für Liebe bist du schon immer gewesen!

3. Wenn man jemand gern hat, kann man Tolles machen

Habt ihr schon mal Picknick in der Badewanne gemacht? Das ist super, das müsst ihr mal probieren. Man braucht dazu: eine Badewanne, warmes Wasser, ein Brett, das quer auf den Badewannenrand gelegt wird, vielleicht etwas Musik, einen Teller mit nur leckeren Sachen drauf, was zu trinken, wer Lust hat, noch ein Buch zum Vorlesen, viel Zeit und – jemanden, den man sehr gern hat!

Jemanden bei sich zu haben, den man sehr gern hat, ist das Wichtigste, um etwas Schönes zusammen zu machen. Stell dir vor, eine Nacht im Zelt mit deinem Freund oder deiner Freundin, vielleicht im Garten oder auf dem Balkon oder einige Meter vom Zelt der anderen entfernt. Ihr liegt eng aneinandergekuschelt im warmen Schlafsack oder unter Decken. Der Mond scheint, ihr habt eine Taschenlampe, etwas zu essen und den Kopf voll Phantasiegeschichten, die ihr euch erzählen wollt. Aber so etwas Tolles braucht es gar nicht immer zu sein. Oft wird ein Spiel erst dadurch schön, dass die richtigen Kinder mitspielen. Und dann ist es oft sogar fast egal, was man spielt.

Übrigens ist es gar nicht einfach, jemanden zu finden, mit dem man besonders gerne spielt, auf der Wiese liegt und in den Himmel schaut. Jemanden, mit dem man lieber zusammen ist als mit vielen anderen, den man ganz oft um sich haben möchte, egal was man tut. Sicher gehört auch eine Portion Glück dazu, so einen Freund oder so eine Freundin oder vielleicht sogar zwei von dieser Sorte erst einmal zu finden. Aber auch dann wird nicht sofort eine gute Freundschaft daraus. Da muss man selbst einiges dazu

tun. Zuerst den Mut haben, den netten Jungen oder das nette Mädchen anzusprechen. Da bekommt man Herzklopfen! Dann tastet man sich ganz langsam an ihn oder sie heran und lernt sich mehr und mehr kennen und wird immer vertrauter miteinander.

In Sonntagsstimmung sind die meisten Menschen gut zu ertragen, aber wie sieht es im Alltag aus? Verhalten sich deine Freunde auch dann noch freundschaftlich zu dir, wenn du mal mehr Zeit für die Schule brauchst, du vielleicht zu Hause helfen musst und deshalb nicht so oft zum Spielen rauskommen kannst? Oder wenn andere dabei sind, nicht nur ihr beide allein? Diese wichtigen Dinge erfährt man erst im Laufe der Zeit. Aber sie sind es, warum wir eine Freundin oder einen Freund dann besonders gerne haben, wenn sie diese „Prüfungen" bestanden haben.

Ihr kommt euch noch näher. Jetzt weiß jeder, was der andere gerne hat und was er nicht ausstehen kann, einfach grässlich findet. Dann macht deine Freundin dir eine Überraschung und bringt dir eines ihrer tollsten Sammelbildchen mit. Du spielst extra, wenn sie kommt, ihre Lieblingsmusik, nur für sie und ihr zuliebe. Oder du sitzt jeden Tag am Bett deines kranken Freundes und schaust mit ihm Autozeitschriften an, und er übt vielleicht Rechnen mit dir, weil er nicht möchte, dass du nach der nächsten Arbeit wieder so traurig bist.

Freundschaften muss man pflegen. Man schenkt sich Murmeln, Zeit und Aufmerksamkeit und wird mit Schokolade, einem Lächeln und Vertrauen beschenkt. Man teilt miteinander: Es gibt Freunde, die haben bereits festgestellt, dass ein Stückchen Erdbeertorte durch zwei geteilt und zusammen gegessen viel köstlicher schmecken kann, als wenn man das ganze Stück allein genossen hätte. Dem anderen zuhören und dem anderen erzählen, auch das gehört zu einer Freundschaft. Und Verständnis haben für den anderen. Mit Verständnis meine ich, wenn deine Freundin oder dein Freund zum Beispiel mal traurig oder schlecht drauf sind, sie zwar zu trösten und nett zu ihnen zu sein, aber sie ruhig auch mal ein Weilchen traurig oder schlecht gelaunt sein zu lassen. Danach ist es einem manchmal, vor allem, wenn man auch dann noch merkt, dass man gemocht wird, selbst wenn man mal gerade nicht singt und tanzt.

Noch etwas Wichtiges: zusammenhelfen, wenn einiges erledigt werden muss, dann bleibt vielleicht tatsächlich noch Zeit zum Zusammen-Spielen. Oder ihr merkt plötzlich, dass das, was zum Allein-Machen blöd ist, zusammen unheimlich viel Spaß machen kann. Eine tolle Erfahrung, die du vielleicht in einem Ferienlager oder später in der Schule einmal machen wirst oder schon erlebt hast. Eine gemeinsame Aufgabe lässt befreundete und auch sich bis dahin noch fremde Kinder einander näher kommen. Sie haben dann ein Ziel, zu dem jeder beitragen muss, da es nur zusammen erreicht werden kann.

Du kannst übrigens auch mit Mama und Papa total gut befreundet sein. Auch ihnen kannst du eine Freude machen, eine besondere Überraschung, zum Beispiel einen Blumenstrauß vom Spaziergang mitbringen oder den Abendessenstisch vorbereiten, damit ohne Hektik gegessen werden kann und vielleicht sogar noch Zeit zum Vorlesen bleibt. Und ich bin sicher, ohne deine Familienmitglieder zu kennen, dass sie auch dir oft eine Freude machen, weil sie gern mit dir zusammen sind und dich lieb haben.

4. Friede, Freude, Eierkuchen – zur Liebe gehört auch Neinsagen

Die größte Freude kannst du jemandem machen, wenn du zu seinem Vorschlag ja sagst. Erstens zeigst du ihm damit, dass sein Vorschlag gut war, und zweitens erfüllst du ihm ja auch seinen Wunsch. Zustimmen kann man durch lautes Jabrüllen, durch leises Jasagen, aber auch einfach mit einer begeisterten Umarmung, einem Kuss, einem Lächeln und einem Blick, ganz ohne Worte. Deine Augen sprechen dann eine gut verständliche Sprache. Am besten ist, wenn dein Jasagen auch dich begeistert, weil du das Vorgeschlagene eben auch total gerne machen möchtest. „Will vielleicht jemand mit zum Schwimmen, in einer halben Stunde fahre ich los zum See?" „Hast du Lust, heute Nachmittag ins Kino zu gehen?" „Also ich habe Eishunger. Soll ich euch eine Portion mitbringen?" Hier kann man nur ja sagen!

Nicht immer ist es so eindeutig. „Spielst du mit mir Federball?", kann man mit Ja oder Nein beantworten. Falls du gerne Federball spielst und nicht gerade in etwas anderes vertieft bist, wirst du wahrscheinlich ja sagen. Weil es deinen Mitspieler freuen wird, eigentlich eine ganz gute Idee ist oder du im Moment auch nichts Besseres vorhast. Oft kommt der Spaß für dich dann ganz von selbst. „Kannst du mir bitte schnell helfen, die Wäsche aufzuhängen? Ich werde nicht fertig und muss doch fort!" Oder: „Hilfe, wir haben keine Milch mehr, gehst du kurz zwei Liter holen?" Hier wirst du zwar meistens auch ja sagen, dieses Mal jedoch nicht aus Begeisterung, sondern aus einem anderen Grund. Dieses Ja sagst du in diesem Moment allein Mama, Papa, den Geschwistern oder Freunden zuliebe, da du merkst, dass deine Hilfe gebraucht wird. Das sind ganz wichtige Jas, die das Zusammenleben erleichtern und Familie und Freundschaft möglich machen. Ein solches Ja von einem anderen hat dir sicher auch schon oft aus einer dummen Situation geholfen. Und achte mal darauf: In einem solchen Fall ja gesagt zu haben, kann sehr zufrieden machen.

Jetzt sieht es fast so aus, als ob Menschen, die sich mögen oder gar lieben, immer nur ja sagen würden. Mit Sicherheit nicht, und das wäre auch ganz falsch.

Wer befreundet ist, muss auch streiten können. Du hast richtig gelesen: streiten können, etwas ganz Wichtiges! Nicht dass Streiten nun etwas besonders Schönes wäre, das nicht. Aber streiten, den Streit beheben und wieder gut miteinander sein, das ist schon eine tolle Leistung. Das können viele nicht. Streit, Krach, Zoff gibt es überall mal, einfach weil die Vorstellungen, Meinungen, Wünsche und Ziele von Menschen nun mal ganz verschieden sein können. Man kann nicht jedem Streit ausweichen, einfach so tun, als ob es ihn nicht geben würde. Er taucht, wenn er nicht gelöst worden ist, immer wieder auf, und immer neue werden hinzukommen.

Es kann auch nicht die richtige Lösung sein, dass immer einer seinen Kopf durchdrücken kann und der andere immer nachgeben muss. Eine Freundschaft zwischen einem ewigen Sieger und einem ewigen Verlierer kann nicht halten. Man muss sich einig werden. Beide müssen begründen, warum man etwas gerade so und nicht anders machen möchte. Und dann muss verglichen werden, was besser ist. Aber ehrlich sein, sonst gibt es keine Lösung ohne bitteren Nachgeschmack. Ein Kompromiss ist möglich, d. h., beide geben ein bisschen nach und suchen für heute nach einer gemeinsamen Möglichkeit.

Du willst unbedingt malen, da du neue Farben bekommen hast, deine Freundin oder dein Freund wollen aber mit dir auf der Wiese liegen und Geschichten erzählen. Ihr könnt dann entweder zuerst malen und dann zur Wiese gehen oder umgekehrt. Oder ihr nehmt Farben und Papier mit auf die Wiese, legt euch dort hin, malt und erzählt.

Gute Freunde spüren aber auch, ob dem anderen seine Idee besonders wichtig ist. Sie stellen dann ihre eigene Idee bis morgen oder ein anderes Mal zurück und spielen mit. Sie wissen allerdings, da sie es schon oft erlebt haben, dass auch der Freund mitunter ohne viel Diskussion und vor allem, ohne nachher zu schimpfen, seinen Plan fallen lassen wird und bei ihrem mitmacht. Nur wenn jeder sagt, was er denkt, kann eine Lösung für beide gefunden werden.

Wie soll man denn ahnen, dass Peter lieber schwimmen gegangen wäre, statt Fußball zu spielen, wo er jetzt zwar mitmacht, aber dauernd rummosert, so dass es wirklich niemandem mehr Spaß macht. Er muss es sagen, man sieht es ihm nicht an seinen Locken an. Und erst hinterher meckern, ist unfair.

So wie es klare Jas gibt, gibt es auch klare Neins. Das mit dem Ja ist einfacher. Ein Ja macht keine Probleme. Ein Ja bestätigt, hält nicht auf. Nichts muss beendet, geändert oder neu durchdacht werden. Beim Nein ist das anders. Schlagartig ändert sich die Situation. Ein Nein kann „Der Meinung bin ich nicht!" bedeuten, also Widerspruch. Es kann auch „Das gefällt mir nicht!" bedeuten. Oder noch ablehnender: „Nein, das will ich nicht!" Nein kann man auch verschieden sagen: schreien, flüstern, als Bitte, mit einer abwehrenden Handbewegung, durch einen Blick oder sogar durch Weinen. Man erkennt es gut.

Wir haben schon über die Ehrlichkeit zwischen Freunden gesprochen. Damit es wirklich ehrlich zugeht, ist ein Nein besonders wichtig. Es ist mindestens genauso wichtig wie ein Ja, es erleichtert ebenfalls das Zusammenleben und macht Familie und Freundschaft möglich. Auch wenn das erst auf den zweiten Blick klar wird. Ein Nein bedeutet zuerst einmal Ablehnung von irgendetwas oder Stopp bei irgendeiner Idee oder Aktivität. Also eine Störung. Doch eine solche Schwierigkeit ist – wenn man es will – lösbar.

Du kennst diese Situationen schon: „Nein, ich möchte nicht mit deinen Rollschuhen fahren!" Ob es ein sehr wackeliges Nein ist, merkst du, wenn es schon bei der kleinen Aufmunterung „Ach versuch's doch mal, ich halt' dich auch!" umkippt und man dann doch ja sagt.

Ein echtes Nein ist anders, es bleibt, weil es einen Grund dafür gibt. Der Grund für ein Nein kann zum Beispiel sein: eine andere Meinung von etwas haben, keine Lust, schwimmen zu gehen, Ekel vor Spinnen oder Angst vor Dunkelheit.

Vielleicht ist ein Kompromiss möglich, aber meist muss man das Nein hinnehmen und nach einem neuen Weg suchen, mit dem der andere dann wieder einverstanden ist. Jedoch dann kann es weitergehen, nicht wie wenn nichts geschehen wäre, sondern besser: wie nach einer erfolgreich überwundenen Hürde.

Wenn man nein gedacht, aber nicht gesagt hätte, hätte man zwar ohne Unterbrechung weitergemacht, aber das wäre nur kurz gut gegangen. Wenn man aus irgendwelchen Gründen das Nein nicht sagt, aber deutlich spürt, wäre das Nein ja nicht einfach verschwunden, sondern wäre im Innern immer größer geworden – ohne dass der andere irgendetwas davon gemerkt hätte. Und irgendwann bricht es aus dem ewigen Ja- oder Nichtssager heraus und sagt dann zur ganzen Freundschaft oder Liebe NEIN! Und dann geht wirklich nichts mehr. Wenn du ein echtes Nein fühlst, musst du nein sagen, nur dann sind wieder viele Jas möglich.

Auch wenn du ganz oft und unheimlich gerne mit einem befreundeten Menschen zusammen bist und am liebsten mit ihm alles zusammen machen würdest, bleiben zwei zusammen immer noch zwei verschiedene Personen – und das ist auch gut. Deine Freundin oder dein Freund mögen dich deshalb, weil du so bist, wie du bist. Sie würden dich sicher im Laufe der Zeit immer weniger spannend finden, wenn du einfach ihr Doppel werden würdest, immer dasselbe machen, denken, fühlen, gut oder schlecht heißen würdest wie sie. Dann wird Freundschaft langweilig.

5. Wie ein Junge, wie ein Mädchen? Nein, wie du, ganz speziell du!

Machst du alles mit Mädchen oder mit Jungen zusammen? Ah, du spielst mit beiden! Ja dann muss ich dir von einem komischen Jungen und von einem komischen Mädchen erzählen. Hör mal gut zu!

Der Junge

weint nie, ist frech, sportlich, tapfer, kämpft, lässt sich nichts gefallen, wehrt sich, ihm ist es egal, wie er aussieht, er ist wild, sucht mutig die Gefahr, spielt nur mit Autos, ist technisch begabt, kann rechnen – und falls er tatsächlich anders sein sollte, so ist er eben kein richtiger Junge, dann ist an ihm ein Mädchen verloren gegangen!

Das Mädchen

weint immer gleich, ist lieb, anmutig, ängstlich, kompromissbereit, großzügig, schlägt nicht, ist geschickt, sauber, ruhig, vorsichtig, fürsorglich wie eine Mutter, spielt mit Puppen, ist sprachbegabt, charmant und fleißig – falls es nicht so sein sollte, dann ist es ein Wildfang, also kein richtiges Mädchen, sondern ein halber Junge!

Und wer das alles glaubt, ist selbst dran schuld! Wer kann denn beweisen, dass das stimmt? Denk doch mal nach, kennst du nicht viele Jungen, die anders sind, und mindestens ebenso viele Mädchen, die auch ganz anders sind, als es hier in der Jungen- und Mädchenbeschreibung heißt?

Ich kann nur sagen, Gott sei Dank! Wie langweilig wäre es, wenn alle Jungen gleich wären und alle Mädchen zwar ganz anders, aber auch untereinander völlig gleich. Dann gäbe es lauter Dinge, die nur Jungen machen, und wieder andere, die nur Mädchen machen. Kerlskram, Weiberkram – so ein Quatsch!

Manche Jungen (und Männer!) bilden sich etwas darauf ein, keinen „Weiberkram" zu machen, so was wie kochen und bügeln und nähen und Kranke versorgen! Sie meinen, sie wären dann besonders stark, besonders cool und männlich. Stimmt aber nicht! Hilflos sind sie: Würstchen kochen, Hemd bügeln, Knopf annähen und Pflaster ankleben – für solche Sachen brauchen sie Hilfe, jemanden, der es ihnen macht, weil sie es selbst nicht können. Echt schwach!

Und wie ist es bei den Mädchen und Frauen? Du glaubst gar nicht, wie stolz ein Mädchen ist, wenn es sein erstes Teleskop gebaut hat, wieder Musik aus dem selbst reparierten Radio kommt und der Abfluss wieder funktioniert! Keine Männer- oder Frauenarbeit, sondern jeweils die richtige Arbeit für die richtigen Leute mit aufmerksamen Augen, geschickten Händen und einem Kopf zum Nachdenken!

Es gibt ganz wilde Jungen und ganz wilde Mädchen, es gibt aber auch ganz vorsichtige Jungen und ganz vorsichtige Mädchen. Es gibt einfach alles. Und das macht die Sache spannend. Viele Erwachsene haben immer noch nicht begriffen, dass ein bestimmter Junge einem bestimmten Mädchen viel ähnlicher sein kann als irgendeinem anderen Jungen. Und dass zwei Mädchen tatsächlich

mehr Unterschiede haben können als ein Junge und ein Mädchen. Dir ist das sicher klar, denn du hast ja dauernd mit Jungen und Mädchen zu tun. Vielleicht kennst du einen Jungen, mit dem du begeistert stundenlang winzige Einzelteile zu einem Bauwerk zusammenbauen kannst. Selbst bei dieser kniffligen Arbeit achtet er noch darauf, dass kein Klebstoff auf seine Hose tropft, und bindet nebenher noch geduldig und liebevoll deinem Schwesterchen die Schuhe. Beim Abschied gibt er deiner Mutter artig die Hand und bedankt sich für das Butterbrot. So was gibt es, und das ist gut.

Aber du kennst ja auch vielleicht ein Mädchen, das sich mit Tarzangebrüll am Seil durch die Luft schwingt, regelmäßig die Nase am Ärmel abwischt, dich und sich mit geklauten Kirschen füttert und nebenbei aus Wäscheklammern ein Flugzeug baut, und zwar eines, das fliegt. Auch das ist gut. Wenn dir noch mehr solche Beispiele einfallen, dann weißt du, was ich meine.

Ein Junge soll sich nicht so verhalten müssen, wie sich manche Leute einen Jungen vorstellen, sondern immer so, wie er ist und wie er sich fühlt. Er selbst ist das Besondere, nicht die Tatsache, dass er ein Junge ist. Jungen gibt es wie Sand am Meer, aber nur ein einziger Junge ist so, wie du es bist. Niemand möchte mit dir spielen oder dich zur Freundin haben, nur weil du ein Mädchen bist, sondern weil du dieses Mädchen bist, dieses ganz spezielle, mit dem man eben besonders toll spielen, lachen und Quatsch machen kann.

6. So sehen Mädchen und Jungen aus, wenn sie nichts anhaben

Wie kann man Jungen und Mädchen eigentlich unterscheiden? Also an dem, was sie tun und wie sie es tun, nicht. An der Kleidung heute schon gar nicht mehr. Fast alle Mädchen tragen Hosen wie die Jungen. Und die Haare? Also ich kenne Jungen mit Pferdeschwanz und solche mit kurzem Meckischnitt und Mädchen mit ganz kurzem Frechschopf oder mit ganz langen Engelslocken. Jungen und Mädchen schmücken sich mit Ohrringen, Ketten, sind manchmal sogar geschminkt. Das hilft uns alles nicht weiter. Ganz einfach wird die Sache aber plötzlich im Bad oder am Strand oder sonstwo, wo man Kinder und auch Erwachsene nackt sieht. Nackte Kinder sind von hinten auch noch nicht zu unterscheiden: Haare, Rücken, Po und Beine sind gleich, höchstens mal dicker oder dünner, länger oder kürzer. Dreht sich das Kind jedoch um, und man sieht es von vorne, dann gibt es keinen Zweifel mehr. Unterhalb des Bauchnabels beginnt der sichtbare Unterschied. Man nennt dieses Körpergebiet auch Schambereich.

Mädchen haben hier die Schamspalte mit der Scheide, einem Schlitz, der wenig zeigt und viel versteckt. Für dieses speziell weibliche Teil gibt es viele Namen, die unterschiedlich klingen, mal ganz sachlich wie eben Scheide oder Vagina, in vielen Familien sagt man Möse oder Muschi dazu oder bei ganz kleinen Mädchen z. B. Pfläumchen oder Döschen. Du wirst mitunter auch Loch oder Fotze hören, beide Begriffe klingen nicht besonders schön. Und Loch ist außerdem eine sehr ungenaue Bezeichnung, da ja Mädchen an derselben Stelle wie die Jungen auch noch ein Poloch haben.

Wird ein Mädchen älter und wächst zur Frau heran, wächst auch die Scheide mit. Zusätzlich bildet sich der Busen. Die Brüste von Männern und Frauen sehen ganz unterschiedlich aus. Beim Mann wachsen Haare auf der Brust, und die Brustwarzen sind flach und bleiben fast so klein wie in der Kinderzeit. Die Brustwarzen der Mädchen werden in der Pubertät, also zwischen 12 und 16 Jahren, schnell größer und sitzen nun auf der Spitze der sich vorwölbenden Brust. Männer- und Frauenbrüste sehen wirklich unterschiedlich aus.

In der Pubertät entstehen auch in den Achselhöhlen und im Schambereich Flaumhärchen, die lockig und dichter werden, so dass man bei der Frau, wenn sie steht, die Schamspalte darunter kaum mehr sehen kann. Die Schamspalte wird bei Mädchen und Frauen von den äußeren Schamlippen umgeben. Hier ist die Haut meist etwas dunkler gefärbt als am übrigen Körper. Die inneren Schamlippen liegen etwas weiter in der Spalte, sind kleiner und erst beim genauen Hinsehen und leichten Öffnen der Oberschenkel zu erkennen. Am vorderen Teil der Schamspalte, ganz versteckt, befindet sich der Kitzler, eine sehr berührungsempfindliche Stelle, von der ich dir gleich mehr berichten werde.

Direkt dahinter liegt beim Mädchen und bei der Frau die Öffnung der Harnröhre, ein winziges Löchlein, aus dem beim Pinkeln Harn kommt. Und noch ein Stückchen weiter hinten, kurz bevor die Schamspalte endet, liegt die Scheidenöffnung. Bei kleinen Mädchen ist die Scheidenöffnung durch ein zusätzliches Häutchen, das Jungfernhäutchen, etwas enger. Von außen betrachtet, wirkt alles ganz unscheinbar, aber hier passieren wahre Wunder, das wirst du noch sehen.

Beim Jungen sieht man ein Stückchen unter dem Bauchnabel seine speziell männlichen Teile: das Glied und den Hodensack mit den zwei ovalen Hoden drin. Auch für das männliche Glied gibt es viele Namen. Oft wird es Penis genannt. Pimmel, Schwanz, Dödel, Nudel oder Schniedelwutz hast du vielleicht auch schon gehört. Alles bedeutet dasselbe. Für die Hoden wird oft auch die Bezeichnung „Eier" verwendet. Wird ein Junge zum Mann, vergrößern sich Glied und Hoden. Das Glied besteht aus dem Schaft und seiner etwas verdickten Spitze, die Eichel genannt wird und ein genauso berührungsempfindliches Körperteil ist wie der Kitzler beim Mädchen.

Meist ist die Eichel von einer Haut bedeckt, die man zurückschieben kann; sie heißt Vorhaut. Bei manchen Jungen ist die Vorhaut gekürzt oder entfernt worden, und die Eichel liegt dann frei. Diese Beschneidung der Vorhaut ist bei manchen Völkern seit Jahrhunderten Brauch. Sie wird aber auch bei uns gemacht, wenn die Vorhaut zu eng oder an der Eichel angewachsen ist, so dass sie nicht zurückgeschoben werden kann.

Im Glied verläuft die Harnröhre. Sie endet mit ihrer Öffnung an der Gliedspitze, hier tritt beim Pinkeln der Harn aus. Wenn die Vorhaut zu eng oder angewachsen ist, ist das Pinkeln schwieriger. Damit der Junge sein Glied richtig gut waschen kann, schiebt er dabei die Vorhaut etwas zurück. Wenn die Vorhaut nicht zurückgeschoben werden kann, kann der Junge die darunter versteckten Hautschüppchen und Harnreste beim Waschen nicht entfernen, und es kann zu schlimmen Entzündungen kommen.

Die Hodenhaut ist auch etwas dunkler als die übrige Körperhaut und sehr faltig. An den Hoden ist ein Junge sehr schmerzempfindlich, jeder Schlag oder Tritt in den Hoden lässt ihn vor Schmerzen in die Knie gehen. Jede Sportart bestraft einen „Tiefschlag" als schlimmes Foul. Der linke Hoden ist übrigens normalerweise etwas größer und hängt etwas tiefer. Dass Glied und Hoden bärenstarke Organe sind, wirst du auch bald sehen.

Bereits vor deiner Geburt war entschieden, ob du ein Junge oder ein Mädchen wirst. Ein kleines Mädchen wird nämlich mit allen Geschlechtsanlagen einer Frau geboren, ein Junge mit denen eines Mannes. Was ich dir bisher beschrieben habe, waren all die Dinge, die du „von außen" an dir und deinen Freunden und Freundinnen entdecken kannst. Im Kapitel 12, wenn es um die Entstehung von Babys geht, werde ich dir die inneren Geschlechtsorgane von Mann und Frau vorstellen.

7. Mein Körper ist schön!

Für kleine Babys sind ihre Hände mit den Fingerchen und die beiden „großen" Zehen das erste Spielzeug. Minutenlang, für sie eine halbe Ewigkeit, probieren sie aufmerksam alle ihnen möglichen Bewegungen aus, betrachten Hände und Füße genau und stecken sie in den Mund, um genüsslich daran zu nuckeln. Zieht man Babys aus und befreit sie von den einengenden Windeln und Kleidern, beginnen sie sofort, begeistert zu strampeln und mit den Ärmchen in der Luft herumzufuchteln. Ihren Körper zu bewegen, macht ihnen großen Spaß, das kann man an ihrem Jubeln leicht erkennen. Und dabei noch gestreichelt und lieb angesprochen zu werden, ist für sie die höchste Freude. Sie streicheln sich auch selbst, berühren ihren kleinen Kugelbauch, ihren kleinen Pimmel oder ihre kleine Scheide, zwicken sich selbst sanft in die Oberschenkel und tasten ihr Öhrchen ab. Überall ist ihnen Berührung angenehm, voll Lustempfinden. So lernen sie ihren Körper kennen und mögen. Beginnen die Haare zu wachsen, so wickeln sie sich eine Locke um die Finger oder spielen mit der ganzen Hand in ihrem Haar. Sie nuckeln vor dem Einschlafen am Däumchen oder am Handrücken, reiben sich mit einem zweiten Schnuller das Näschen (den ersten haben sie im Mund!) – alles Dinge, mit denen sie sich angenehm beruhigen.

Und sie sind stolz darauf, wie sie wachsen. Kennst du das Spiel, das in fast allen Familien gespielt wird? „Wie groß ist denn unser Schatz?", rufen die Eltern oder Geschwister, und der kleine Knirps reckt sich und streckt die Ärmchen so weit er nur kann in die Höhe, um mit strahlendem Gesicht zu verkünden: „So groß bin ich!" Ein bisschen später kommt dann die Begeisterung über die flinken Beine und die geschickten Hände dazu. Plötzlich kann man fast alles erreichen, kommt nahezu überall hin, kann drehen, schrauben, bauen, malen, eingießen, singen und tanzen und vieles mehr. Alles mit dem eigenen Körper. Ein ganz schönes Gefühl ist es auch festzustellen, dass man stark wird. Etwas tragen können, etwas hinter sich herziehen, hochziehen, ausgraben, um etwas kämpfen, das gibt Selbstbewusstsein und Kraft. „Willst du mal meine Muskeln spüren?" Ganz schön was dran!

Es ist auch herrlich festzustellen, dass man sich selbst angenehme Gefühle verschaffen kann. Sich ganz klein zusammenrollen, mit den Armen die Knie umfassen und unter einer warmen Decke schnuckeln, ist eine prima Methode, um richtig gemütlich warm zu werden. Manchmal kann es unheimlich schön sein, sich selbst zu streicheln.

Mädchen streicheln ihre Scheide, vor allem dort, wo der Kitzler ist, weil sich hier alle sanften Berührungen ganz toll anfühlen. Die Scheide wird feucht und schwillt leicht an. Jungen streicheln oder reiben ihr Glied und bewegen dabei die Vorhaut etwas vor und zurück. Du weißt ja, dass bei ihnen die Eichel extrem empfindlich ist. Zärtliche Berührungen sind hier oder am Hoden besonders schön. Das Glied wird steif und hart, als ob ein Knochen darin wäre. Es ist aber nur gestautes Blut, das kurzfristig diese Veränderung bringt. Das sind Momente, in denen du dich mit deinem Körper glücklich machst. Selbstbefriedigung nennt man diese Art, sich selbst eine Freude zu machen, andere Worte dafür sind onanieren oder masturbieren. Momente, die einem ganz allein gehören. Deshalb möchte man dabei auch nicht gestört werden und befriedigt sich am liebsten an einem ruhigen Plätzchen, wo man mit sich allein ist und die Lust genießen kann.

Hast du dich schon einmal im Spiegel betrachtet? Es mag ja sein, dass du dich für zu klein oder zu groß für dein Alter hältst, dass du deine Arme zu spirrig findest, deinen Bauch zu dick oder deine Beine zu krumm. Hoffentlich entdeckst du auch Dinge an dir, die dir gefallen. Männer und Frauen, aber auch schon Mädchen und Jungen sind mit ihrem eigenen Körper oft unzufrieden, da sie ihn sehr kritisch betrachten. Erst wenn andere sagen: „Hast du aber schöne Augen", „So hübsche Zehen", „Mensch, sind das starke Arme", „So volles Haar möchte ich auch haben" – erst dann bemerken sie, dass da etwas Wahres dran sein muss, es vielleicht sogar stimmen könnte. Dann freuen sie sich an ihrem Körper und sind sogar ein bisschen stolz darauf. Das ist schon komisch. Erst wenn andere es sagen, dann glauben wir es. Da kann man nur hoffen, dass immer jemand da ist, der etwas Nettes über unseren Körper sagt!

Bist du schon mal im Sand gelegen und hast dir die Sonne auf die Haut scheinen lassen? Und bist du dir dann mit der Hand über die warme, weiche, zarte Bauchhaut gestrichen? Und hast du dann die Augen geschlossen und genüsslich ausgeatmet? Ja?! Na, dann weißt du, wie wohl du dich in deiner Haut fühlen kannst. Lass es dir möglichst oft gut gehen, dir und deinem Körper!

8. Mein Körper gehört mir!

Wenn du diese Kapitelüberschrift gelesen hast, denkst du sicher: „Na klar, wem sonst!" Aber dieses verstanden zu haben, ist so wichtig, dass ich es dir genau erklären möchte.

Wenn du dich über irgendetwas freust, fällst du dem Menschen, der dir diese Freude gemacht hat, begeistert um den Hals und gibst ihm vielleicht sogar einen Kuss. Der Kuss springt aus dir heraus und tut dir und dem anderen Menschen gut! Und wenn der andere dich dann auch noch küsst: herrlich! Euch beiden war es nach Küssen.

Aber wie sieht das aus, wenn ihr Besuch bekommt, Tante Soundso kommt zum Kaffeetrinken, und schon direkt hinter der Wohnungstür fällt sie knutschend über dich her. Womöglich mit Lippenstift und womöglich noch feucht. Entsetzlich! Oder Onkel Werauchimmer drückt dir ein Überraschungspäckchen in die Hand und will dafür ein Küsschen auf die Wange gedrückt bekommen, ohne dass du auf „Küssen" eingestellt bist. Nicht weniger entsetzlich!

Nicht, dass du Onkel und Tante nicht mögen würdest, vielleicht hättest du dich sogar in einer Stunde gerne auf Tantes Schoß gesetzt und den Onkel freiwillig am Kinn gekrault, aber doch nicht zwei Sekunden nach der Begrüßung in Form eines Überfalls oder auf Kommando.

Küsschen und Anfassen gibt es nicht auf Kommando. Und wer das nicht versteht und vielleicht sogar sauer wird, der versteht nichts von Küssen und hat auch keine verdient. Zum Küssen zwingen, so weit käme es noch! Mal wieder ist Neinsagen angebracht. Du entsinnst dich doch noch? (Kapitel 4)

Das gilt übrigens nicht nur für das Küssen und für Erwachsene. Auch zwischen deinen Freunden und dir sollte klar sein, dass der Körper jedem selbst gehört. Stell dir vor, dein Freund und du kämpfen so richtig toll im Spiel miteinander, und ihr balgt euch ineinander verknuddelt am Boden. Plötzlich wird es dir zu viel. Du kannst nicht mehr richtig atmen, der andere liegt schwer auf dir, dein linkes Bein ist eingeklemmt, gerade hat er dich aus Versehen mit dem Fingernagel an der Wange gekratzt, und jetzt tut dir auch noch der ganze Kopf weh. Du schreist: „Hör auf, es tut weh. Bitte, Schluss! Ich kann nicht mehr, ich habe keine Lust mehr!" Hoffentlich reagiert dein Freund jetzt, denn sonst fängst du aus Angst an, dich richtig zu wehren, und deine Schläge und Tritte werden viel härter, als du möchtest. Aber du willst, du musst einfach raus aus dieser Situation. Auch zum Spielen und Sich-Balgen darf man nicht gezwungen werden, sonst wird aus Spiel Ernst, und die ganze schöne Stimmung ist vorbei.

Das sind ganz wichtige Spielregeln, die man beim Zusammensein beachten muss. Und man versteht und respektiert sie, wenn man weiß, dass der andere immer das Recht hat, sich und seinen Körper gegen Unlust, Gefahr und Schmerz zu schützen. Jeder setzt, was seinen Körper betrifft, die Grenzen selbst. Nicht nur ein Kampf, auch ein gegenseitiges Veräppeln fängt oft ganz lustig an, doch wenn das Provozieren oder Spotten zu viel wird, verletzt, muss man die Stoppsignale erkennen und aufhören. Du bist auch froh, wenn in einer solchen Situation die anderen bei dir die Spielregeln des Miteinanders beachten und nicht zu weit gehen.

9. Es gibt prima Geheimnisse und saublöde Geheimnisse

Ganz allein ein Geheimnis zu haben, ist eine wunderbare Sache. Zum Beispiel das Loch in der Hecke um einen alten Garten entdeckt zu haben, zu wissen, wo junge Füchse abends zum Spielen auf die Waldwiese kommen, den Platz zu kennen, wo Mama in der Adventszeit die Weihnachtskekse versteckt. Doch jemanden in diese Geheimnisse einzuweihen oder von jemandem ein Geheimnis anvertraut zu bekommen, das ist noch eine Stufe Glück mehr. Weil man jetzt sein Geheimnis mit jemandem teilen kann und dessen Begeisterung deutlich beweist, wie wertvoll das Geheimnis ist. Weil in ein Geheimnis eingeweiht zu werden, ein Zeichen von Vertrauen ist. Weil ein Geheimnis zusammenschweißt. Der Freund oder die Freundin sind durch das gemeinsame Geheimnis näher gerückt, der Rest der Welt weiß nicht Bescheid. Für den vollen Genuss teilt man dann den anderen natürlich mit, dass man ein Geheimnis hat, aber niemals, welches. Solche Geheimnisse können jahrelang bestehen bleiben und nie aufgedeckt werden. Das sind gute Geheimnisse. Sie machen Spaß und sie machen glücklich.

Ich wünsche dir von Herzen, dass du irgendwann mal mit jemandem, den du lieb hast, solche guten Geheimnisse teilen kannst. Weißt du, woran man Kinder erkennt, die Geheimnisse zusammen haben? Sie verständigen sich bei manchen Gelegenheiten nur mit Blicken. Beide haben verstanden, alle drum herum nicht. Sie sprechen manchmal in ihrer eigenen Geheimsprache und zwar fließend und für alle anderen unverständlich. Sie entwickeln eine Geheimschrift, die nur sie lesen können. Oder eine geheime Parole für die Sprechanlage an der Haustür, zum Beispiel „Leberwurstbrot" – und die Tür öffnet sich. Einfach eine tolle Sache.

Aber es gibt auch schlechte Geheimnisse. Weißt du, wie man gute von schlechten Geheimnissen unterscheiden kann? Gott sei Dank recht einfach und schnell. Wir haben schon gesagt, dass ein gutes Geheimnis Spaß und glücklich macht. So ein Geheimnis will man haben und behalten. Du bist also stolz, wenn du eingeweiht wirst, und tust alles dafür, dass es euch niemand wegnimmt. Es ist ein Geheimnis, das keine Angst macht. Es ist zu schön, um es weiterzuerzählen.

Schlechte Geheimnisse sind ganz anders. Das will ich dir an zwei Beispielen erklären.

Mein erstes Beispiel: Du radelst mit zwei Urlaubsfreunden durch den Wald, ihr parkt die Räder und lauft nun querfeldein durchs Unterholz, um die Gegend rund um die Feriensiedlung zu erkunden. Plötzlich entdeckt ihr einen notdürftig mit Brettern verschlossenen Höhleneingang. Eintritt verboten, Einsturzgefahr steht auf einem Schild. Ihr überlegt ein Weilchen, dann gehen die zwei, mit denen du unterwegs bist, hinein. Trotz Herzklopfen krabbelst du hinterher. Der Gang ist niedrig, recht dunkel, schlüpfrig, und überall liegen von der Decke und den Seitenwänden abgebrochene Steinbrocken am Boden. Ein dumpfes Geräusch, einer der Jungen schreit auf, dreht um und humpelt Richtung Ausgang. Ein Stein ist ihm auf den Fuß gefallen.

Als ihr endlich wieder draußen seid, bist du froh. „Sagt ja nicht, wo und wie ich mich verletzt habe! Ist das klar? Die Höhle ist jetzt unser Geheimnis, kein Wort drüber. Da gehen wir jetzt jeden Tag hin und untersuchen sie. Also kein Sterbenswörtchen, klaro? Hand drauf!", fordert der eine Junge euch auf.

Du schlägst zwar ein, aber dir ist ganz komisch zumute. Irgendetwas stimmt an diesem Geheimnis nicht, du willst es gar nicht haben, bist kein bisschen stolz darauf. Es macht dir Angst, weil du befürchtest, dass du oder die anderen Jungen sich in der Höhle verletzen. Ein schlechtes Geheimnis! Spürst du den Unterschied zum guten Geheimnis? Aus so einem Geheimnis musst du möglichst schnell aussteigen. Am besten erzählst du deinen Eltern genau, wie alles kam. Die können dir bestimmt helfen, ohne dich vor den anderen Kindern bloßzustellen.

Das zweite Beispiel macht dir den Unterschied zwischen guten und schlechten Geheimnissen sogar noch deutlicher, da es sich hier um ein ganz besonders schlimmes Geheimnis handelt. Es gibt Erwachsene, die sich Kindern gegenüber sehr komisch verhalten. Warum, weiß man nicht genau. Wahrscheinlich sind sie krank und haben eine ganz schlimme Kindheit gehabt. Sie sprechen Kinder, die sie kennen, und auch solche, die sie vorher noch nie gesehen haben, an. Sie schenken ihnen irgendetwas oder versprechen eine Überraschung und beginnen mit ihnen zu schmusen. Manchmal fassen sie einem Kind in die Hose, um seinen Po, seinen Penis oder seine Scheide zu berühren. Oder sie möchten, dass das Kind sie streichelt oder küsst. „Das ist doch gar nicht schlimm, Streicheln und Küssen ist doch schön!", sagen sie. „Und erzähl niemand davon, das ist jetzt unser Geheimnis, sonst werde ich böse!" So etwas ähnliches sagen sie dann noch.

Das ist ein saublödes Geheimnis. Eines, das Angst macht, das man überhaupt nicht haben will. Natürlich ist Küssen und Streicheln

nichts Schlimmes, aber nur wenn man von jemandem geküsst und gestreichelt wird, von dem man geküsst und gestreichelt werden möchte. Wie ich dir schon gesagt habe: Dein Körper gehört dir, da darf niemand ohne deine Erlaubnis dran rumküssen oder rumstreicheln. Nein, das willst du nicht! Denn das ist ein ganz scheußliches Gefühl. Und küssen und streicheln tust du auch nur, wen du willst und wann du willst. Und wenn du jemanden magst und mit ihm schmust, so darf das auch jeder wissen, das ist kein Geheimnis, das man verstecken muss.

Jemandem ein Geheimnis aufzwingen, darf man nicht, das ist dann kein gemeinsames Geheimnis, sondern eine gemeine Drohung! Du siehst, solche „Geheimnisse" dürfen nicht geheim gehalten werden. Die darf und muss man Menschen, denen man vertraut, erzählen, damit sie schnell eingreifen und helfen können. Jedem Kind, das seine Sorgen sagt, wird geholfen, damit dieses Angstgeheimnis verschwindet.

10. Dein Zuhause ist ein ganz besonderer Ort

Kennst du das Gefühl, das man nach einem langen Schultag auf dem Heimweg empfindet? An einem kalten Wintertag. Bei fürchterlichem Regen. Man freut sich auf zu Hause! Das bedeutet Wärme, Aufatmen, vielleicht wartet schon jemand, es gibt etwas zu essen und zu trinken, man kann erzählen und sich dann irgendwohin verkriechen und nur noch Schönes machen. Mit jemandem zusammen oder allein. Zuhause ist schon ein ganz besonderer Ort. Mein Zuhause ist meine Burg. Hier fühle ich mich geborgen. Hier ist ein Schnupfen plötzlich nicht mehr so schlimm, das Kopfweh lässt nach, und auch der Ärger wird hinter der Wohnungstüre plötzlich weniger. Von hier aus hören sich Regen und Sturm ganz anders an, mit diesen Geräuschen vor den Fenstern wird es erst richtig gemütlich. Hier ziehe ich zuerst mal die Schuhe aus, einen alten, weichen, weiten Pullover an und Schlabberhosen, und dann beginnt das Wohlfühlen.

Zu Hause ist alles ein bisschen anders. Zuhause ist man keinen fremden Blicken ausgesetzt – und keinen fremden Ohren. Alles bleibt unter uns, muss nicht genau kontrolliert und überlegt werden. Man macht zu Hause Dinge, die man „draußen" kaum machen würde. Man läuft ab und zu stundenlang im Schlafanzug rum, hat dicke Socken und keine Schuhe an, rennt auch nackt durch die Wohnung, lümmelt in der Sofaecke, isst mal schnell mit dem Löffel direkt aus dem Topf und gähnt recht ungeniert mit weit aufgerissenem Mund, mal ohne eine Hand vorzuhalten. Man sagt auch Dinge zu Hause, die man „draußen" kaum sagen würde. „Mein Gott, die Frau Irgendwer hat heute ein Kleid angehabt, in dem hat sie ausgesehen wie eine abgebundene Mettwurst!" „Die nächsten Monate müssen wir aber sparen, sonst reicht es nicht für den Urlaub." „Du hast ja einen so süßen Knackhintern, komm doch mal her, damit ich dich beißen kann." „Der Freddy braucht ja nicht unbedingt mitzubekommen, dass wir ein Gartenfest feiern, den lade ich nämlich nicht ein, sonst gibt es nur wieder Krach!"

Passiert dir zu Hause etwas spaßig Blödes, wirst du nicht richtig ausgelacht, nicht so, dass es dir weh tut. Du ärgerst dich zwar vielleicht kurz, weil du aber weißt, dass den anderen auch mal etwas Dusseliges passiert, und weil sie dich deswegen noch lange nicht für blöd halten, ist es nicht wirklich schlimm. Wenn dir dasselbe in einer fremden Familie, in der Schule oder in der Gaststätte passieren würde, wäre es viel schlimmer, es wäre dir richtig peinlich, also furchtbar unangenehm. Entweicht zu Hause ein Windchen aus deinem

Po, geht die Welt nicht unter, es wird gelacht, na, na, na gesagt oder ganz scheinheilig gefragt, was denn das für ein komisches Geräusch gewesen wäre. Aber sonst passiert nichts. Selbst in der Nase bohren kann man irgendwo zu Hause recht genussvoll. Sich selbst streicheln und erregen ist etwas speziell für zu Hause, erstaunte Blicke und blöde Kommentare würden alles kaputt machen. Man kann hierzu nur sich selbst brauchen, alle und alles andere stören.

Wenn man bei all diesen Dingen nicht zwischen zu Hause und anderswo unterscheiden würde, wären die Blicke der anderen komisch, vielleicht sogar vorwurfsvoll, empört, man würde ausgeschimpft oder blöd angemacht werden.

Die meisten erwachsenen Menschen zeigen ihre inneren Gefühle nicht in der Öffentlichkeit. Das ist ihnen unangenehm. Sie zeigen sich nicht gerne „nackt". Nackt hier in doppeltem Sinn gemeint: nicht ohne Kleider mitten in der Stadt, weil sonst jeder sie ansehen könnte, und nicht ohne Schutz für ihre Gefühle, weil sonst jeder in sie hinein sehen könnte. Und das alles geht nicht jeden etwas an. Ganz, ganz glücklich und ganz, ganz traurig, sich wahnsinnig freuen und furchtbar leiden tut man nur zu Hause. Genausowenig möchten auch die meisten erwachsenen Menschen, dass andere ihr Innerstes nach außen kehren und sich auf der Straße so verhalten wie daheim. Die ganz inneren Gefühle interessieren uns nur von den Menschen, die wir mögen, die uns nahe stehen. So wie wir nur ihnen das zeigen, was in uns vorgeht. Selbst bei großem Kummer möchtest du nur zu Hause weinen, Fremde sollen weder den Kummer noch das Weinen mitbekommen. Ich glaube, das ist auch besser so. Nur bei den Menschen, die wir gut kennen, denen wir vertrauen können, geben wir uns ungeschützt. Sie nützen unsere Nacktheit und Hilflosigkeit nicht aus. Sie helfen uns, weil sie uns kennen und mögen.

11. Wegen der Scham brauchst du dich nicht zu schämen

Wenn es nach dem Wunsch kleiner Kinder ginge, säßen sie drückend auf dem Töpfchen, währenddessen sollte Papa ein Lied singen und ihnen die Haare kraulen, Mama sollte um sie herumtanzen, und sie würden nebenher ein Butterbrot mit Marmelade essen. Für die kleinen Kinder wäre das alles kein Problem, selbst wenn noch die Nachbarin auf Besuch käme, sondern eine Riesengaudi. Nackt sind sie sowieso am liebsten. Nackt wird durch die Wohnung gerast, raus aus der Türe, ins Treppenhaus und runter in den Hof oder in den Garten. Sogar einkaufen gehen würden kleine Kinder am liebsten nackt. Und Leute besuchen oder auf den Spielplatz gehen.

Kleine Kinder lassen sich von Mama und Papa gerne den Popo waschen und das wunde Pimmelchen oder die leicht gerötete Scheide eincremen, wenn das alles zärtlich und liebevoll geschieht. Beim Spazierengehen verrichten sie kleine wie große Geschäfte mitten auf dem Parkweg oder im Blumenbeet, ohne hinter einem Busch oder einer Mauer in Deckung zu gehen.

Auch wenn sie schon allein zur Toilette gehen und sich selbst den Po putzen können, lassen sie gerne bei diesen Verrichtungen die Klotüre auf, um ihre angefangene Geschichte besser weitererzählen zu können oder um nichts vom Familienleben zu versäumen. „Jetzt schau dir das an, mein Kaka ist heute ganz gelb, fast wie eine Currywurst!", rufen sie und warten auf Bewunderer. Sie genieren sich nicht. Kennen keine Scham. Ihnen ist ganz egal, ob man sie nackt sieht oder nicht; ihre Nacktheit fällt ihnen nicht auf.

Wieso sollten Toilette und Bad andere Zimmer sein als Wohnzimmer und Küche?

Am Nacktstrand oder in der Sauna, wenn alle um uns herum ebenfalls nackt sind, geht es den Erwachsenen für kurze Zeit nochmals ähnlich: Keiner stört sich am Nacktsein. Doch beim Verlassen der „Nacktzone" ziehen wir schnell etwas über. Jetzt würden wir unter den Angezogenen auffallen, und das wäre uns unangenehm.

Aber auch das Verhalten von Kindern ändert sich, wenn sie älter werden. Pipi wird jetzt nur noch im Notfall im Freien ohne eine Toilette gemacht, und wenn überhaupt, dann wenigstens durch einen Busch verdeckt. Ist das Kind nur mit Familienmitgliedern oder mit Freunden zusammen, dann bemerkt man zunächst noch keine Unterschiede im Verhalten. Das nackte Herumtollen, im Wasserbecken plantschen und Doktor spielen gehören zu den höchsten Genüssen. Doktor spielen tut wohl jedes Kind gern. Den Körper des Freundes oder der Freundin genau betrachten, überall befühlen und in aller Ruhe auskundschaften ist genauso schön und spannend wie eingecremt oder bandagiert zu werden, im Spiel eine Spritze zu bekommen oder Fieber zu messen. Mit seinem Körper oder dem der anderen kann man spielen wie mit einem Ball, wie im Sand oder mit Bausteinen. Sich mit Fingerfarben bemalen, sich panieren – kennst du das, sich zuerst nass machen, dann im Sand wälzen? –, sich mit Creme betupfen, all das macht Spaß. Doch irgendwann hast du dazu nicht mehr mit allen Lust und auch nicht mehr vor allen Leuten. Unter fremden Menschen beginnen Schulkinder, sich langsam zu genieren. Sicher entsinnst du dich noch, dass du beim Anprobieren von Kleidern zu irgendeinem Zeitpunkt begonnen hast, lieber in eine Garderobe zu gehen, als dich zwischen all den Leuten umzuziehen. Irgendwann wirst du auch Wert darauf legen, dass die Klotüre hinter dir zu ist, und irgendwann schließt du auch die Badezimmertüre zu, wenn du dich baden, duschen oder an- und ausziehen willst. Erst jetzt fallen dir die Blicke der anderen Familienmitglieder auf und stören dich. Du empfindest es als unangenehm, jemandem nackt gegenüber zu stehen. Und so geht es allen Kindern. Das ist ganz normal.

Zur gleichen Zeit, wenn der Körper heranreift, reift auch das Schamgefühl, der Wunsch, bestimmte Körperstellen vor Blicken anderer zu schützen. Und das ist überall auf der Welt so. Mit was man seine speziell weiblichen oder männlichen Körperteile bedeckt, ist dann von Land zu Land unterschiedlich. In manchen Gegenden können es Perlenschnüre, ein Lendenschurz, eine Peniskalebasse, ein Baströckchen sein, bei uns dagegen Stoffhose, Rock und Oberteil, die verhindern, dass uns das Zusammentreffen mit anderen peinlich wird. Ab einem bestimmten Alter ist Scham etwas ganz Natürliches, etwas ganz Normales; über diese Entwicklung brauchst du dir überhaupt keine Gedanken zu machen.

Diese Scham ist auch der Grund dafür, weshalb du dich dann nicht mehr gerne von Mama waschen, abtrocknen oder eincremen lässt. Es ist dir angenehmer, wenn du das alles jetzt selbst machst. Du bist auch alt genug dazu. Trau dich, deinen Eltern diesen Wunsch und dein Gefühl zu sagen. Bestimmt werden sie es verstehen und respektieren.

Erst später, wenn du groß bist und dich in jemanden verliebt hast, verschwindet die Scham diesem bestimmten Menschen gegenüber völlig. Wenn er oder sie dich nackt sieht, so stört dich das nicht. Im Gegenteil. Du wirst den geliebten Menschen gerne nackt sehen und es sogar äußerst angenehm finden, von ihm betrachtet und liebkost zu werden. Und wieder werdet ihr mit euren Körpern spielen.

12. Ein Mädchen wird eine Frau, ein Junge wird ein Mann

Wie Mädchen und Jungen von außen aussehen, weißt du ja schon. Auch dass die Geschlechtsorgane größer werden, wenn aus dem Mädchen eine junge Frau und aus dem Jungen ein junger Mann wird. Du weißt auch, dass unter den Armen und rund um den Schambereich Haare wachsen. An ihnen halten sich die Duftstoffe besonders gut, die der Körper nun speziell an diesen Körperstellen abgibt. Jetzt musst du unbedingt noch erfahren, was bei Frauen und Männern im Innern des Körpers vor sich geht.

Mädchen und Jungen werden schon mit allem geboren, was sie später körperlich zum Leben als Frau oder als Mann brauchen werden. Alles muss nur noch ausreifen und wachsen, um dann seine einzelnen Aufgaben übernehmen zu können.
   Zur Frau oder zum Mann werden ein Mädchen oder ein Junge während der Pubertät. So nennt man das Alter etwa zwischen dem 12. und 16. Lebensjahr. Das Wörtchen „etwa" zeigt dir, dass man den Zeitpunkt für den Beginn der Pubertät nicht genau vorhersagen kann. Beim einen Kind beginnen die körperlichen Veränderungen früher, beim anderen später. Die Mädchen kommen meist ein bis zwei Jahre vor den Jungen in die Pubertät. Für all die Veränderungen im Körper sind übrigens die Hormone verantwortlich, ganz wichtige Botenstoffe, die mit dem Blut an alle wichtigen Stellen im Körper gelangen. Die Altersunterschiede beim Beginn der Pubertät sind vollkommen normal, doch ist es für ein Mädchen oftmals komisch, die erste in der Klasse zu sein, bei der

man diese Veränderungen bemerkt. Und du kannst dir sicher vorstellen, dass es für einen Jungen recht nervig sein kann, zu den letzten unter den Buben zu gehören, bei denen sich etwas tut. Aber nur mit der Ruhe, jede und jeder kommen in die Pubertät und dann als Frau oder Mann wieder heraus! In der Zwischenzeit tut sich Gewaltiges.

Zuerst der Weg vom Mädchen zur Frau. Zwischen dem 10. und 12. Lebensjahr wird die Brust größer, der Busen bekommt seine typische, schöne Form. Auch im Unterleib kommt etwas ganz Neues in Gang. Daran sind die weiblichen Geschlechtsanlagen beteiligt, die schon bei der Geburt eines Mädchens ausgebildet sind.

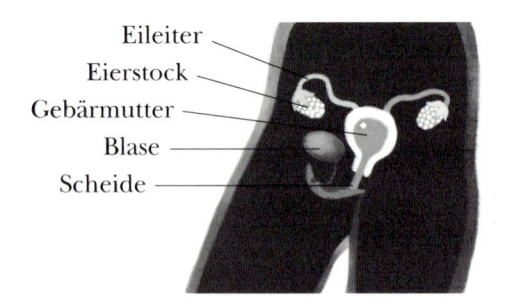

Eileiter
Eierstock
Gebärmutter
Blase
Scheide

So sieht es im Bauch der Frau innen aus.

Sicher entsinnst du dich noch an die Beschreibung der Scheidenöffnung beim Mädchen. Hinter der Öffnung führt die Scheide als schmale Röhre ins Körperinnere, und zwar zur Gebärmutter, die die Form einer kleinen Birne hat, die mit dem Stiel nach unten unterhalb des Nabels im Bauch liegt. Am dickeren Teil der Birne zweigt rechts und links je ein kleiner Schlauch ab. Das sind die zwei Eileiter, die die Gebärmutter mit den zwei Eierstöcken verbinden. Diese zwei Eierstöcke kannst du dir wie zwei Nester für ungeheuer viele winzige Eier vorstellen: In den Eierstöcken haben sich schon vor der Geburt etwa 400.000 Eianlagen gebildet, aus denen später richtige Eizellen reifen.

So, jetzt kennst du alle weiblichen Geschlechtsorgane: die beiden Eierstöcke, die zwei Eileiter, die Gebärmutter, die Scheide und den Kitzler. Und was passiert nun in der Pubertät?

Etwa zwei Jahre nach dem Größerwerden der Brust beginnt bei den Mädchen die erste Monatsblutung, die nun jeden Monat wiederkommt. Halt, fast jeden Monat, das „fast" erkläre ich sofort! Alles der Reihe nach.

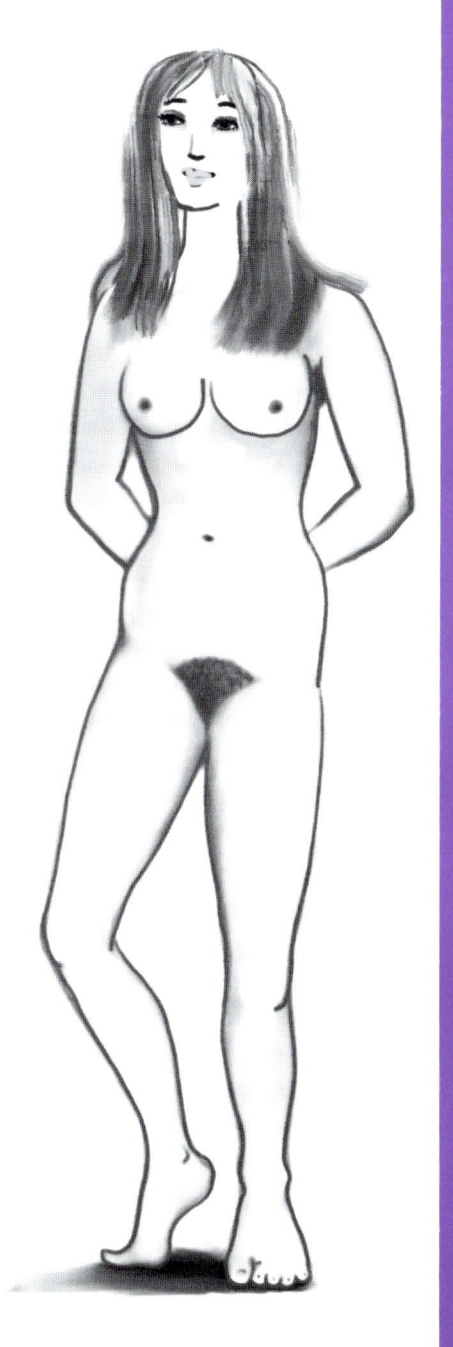

Diese Blutung ist keine Verletzung, sondern gehört zum ganz normalen, gesunden Leben, zum Körperrhythmus der Frau. Weil das Geschehen so regelmäßig ist, nennt man es auch Monatszyklus, Regel oder Periode. Jeden Monat reift in einem der beiden Eierstöcke ein Ei aus dem riesengroßen Vorrat der Eianlagen heran. Dieses Ei ist so klein, dass du es mit bloßem Auge kaum sehen kannst, so groß wie ein Nadeleinstich. Sobald es reif genug ist, springt es vom Eierstock in den trichterförmigen Anfang des Eileiters. Es durchwandert nun den dünnen Eileiter Richtung Gebärmutter. Ereignet sich dort nicht etwas ganz Tolles – du wirst noch davon hören! –, löst es sich im Normalfall auf dem Weg zur Gebärmutter im Eileiter auf. Kurz danach, etwa 10 bis 14 Tage nach dem Eisprung, setzt die Monatsblutung ein. Aus der Scheide kommt nun 4 bis 6 Tage lang eine rötlichbraune Flüssigkeit heraus. Diese Flüssigkeit entsteht, weil die Gebärmutter jeden Monat ihre innere Schleimhautschicht in kleinen Teilchen abstößt, damit sich allmonatlich eine frische Innenschicht bilden kann. Das ist eine wichtige Vorbereitungsmaßnahme, falls einmal das Tolle – du weißt schon – passieren sollte. Danach reift erneut in einem der Eierstöcke ein Ei heran und macht sich auf seinen Weg; der neue Zyklus beginnt.

Ganz am Anfang sind diese Ereignisse natürlich etwas ungeheuer Spannendes und Aufregendes, vielleicht auch etwas, was einen unsicher machen kann. Doch im Laufe der Zeit findet sich jede Frau mit diesen besonderen Tagen ab und gewöhnt sich, ohne viel darüber nachzudenken, daran. Du wirst meist während der Monatsblutung nur ein leichtes Ziehen im Unterleib spüren. Damit die austretende blutige Flüssigkeit nicht deine Kleidung verschmutzt, kannst du sogenannte Damenbinden oder Tampons tragen, die es in jedem Kaufhaus und in jeder Drogerie zu kaufen gibt. Damenbinden sind dünne Einlagen, die man in die Unterhose einlegen oder einkleben kann. Tampons sind gepresste Watteröllchen, die man in die Scheidenöffnung stecken kann und die das austretende Blut wie ein Schwämmchen aufsaugen. Mit Tampons kannst du, wenn du „deine Tage" hast, sogar schwimmen gehen. Alles andere kannst du mit Binden und Tampons sowieso machen: toben,

Sport, klettern usw. Beides, Binde und Tampon, muss man mehrmals täglich wechseln, da das Blut, wenn es aus dem Körper herauskommt, unangenehm riechen kann.

Und nun zum Jungen und Mann. Mit etwa 11 oder 12 Jahren bemerkt ein Junge, dass seine Hoden größer werden. Ungefähr ein Jahr später beginnt auch das Glied größer zu werden. Der Junge kommt in den Stimmbruch, so nennt man die Übergangszeit von der kindlich hohen Jungenstimme zur tieferen, kehligeren Männerstimme. In dieser Übergangszeit kann sich ein Junge nicht immer auf seine Stimme verlassen. Mitunter ist sie, ohne dass du damit rechnest, plötzlich kieksig, ein anderes Mal kommt gar kein Ton heraus oder dein Sprechen ähnelt dem Krächzen eines Raben. Solche Zwischenfälle musst du mit Fassung tragen, machen kannst du sowieso nichts dagegen, es gibt sich ganz von selbst und ist einfach ein Zeichen des Erwachsenwerdens. Wie der beginnende Bartwuchs, die immer dichter werdenden Schamhaare und die Körperbehaarung. Auch die Muskeln werden mehr und größer.

Die männlichen Geschlechtsorgane sind ebenfalls bei der Geburt eines Jungen bereits ausgebildet: Außerhalb des Körpers und daher gut sichtbar sind das Glied und der Hoden, im Unterleib liegen Samenleiter, Samenblasen und verschiedene Drüsen. Welche Aufgaben haben diese Teile? Frauen beginnen in der Pubertät in den Eierstöcken reife Eizellen zu produzieren. Männer bilden von der Pubertät an in den Hoden die sogenannten Samenzellen. Das Innere der Hoden musst du dir wie einen Wollknäuel vorstellen. Hier sind die Samenkanälchen eng aufgeknäuelt, die abgewickelt ganze 300 Meter lang wären. Hier werden Millionen von Samenzellen gebildet und gelagert. Es dauert mehr als zwei Monate, bis eine Samenzelle (Spermium genannt) ausgereift ist. Ein Spermium ist winzig klein und ähnelt einer Kaulquappe. Es hat einen Kopf, ein etwas dickeres Mittelstück und einen langen Schwanz. Der Schwanz kann sich in Flüssigkeit gut bewegen und schiebt durch seine Bewegungen das ganze Spermium vorwärts. Von den Hoden aus führen die Samenleiter zur Harnröhre. In die Samenleiter münden Drüsen, die die Samenflüssigkeit produzieren.

In der Pubertät, wenn viele Körpervorgänge sich erst langsam einspielen müssen, können Jungen ganz ungewöhnliche Dinge passieren. Plötzlich, ganz unerwartet und ohne es vorher gestreichelt oder gerieben zu haben, wird das Glied steif. In den Schwellkörpern im Glied staut sich Blut. Manchmal passiert eine solche Penisversteifung, Erektion genannt, wenn du dich aufgeregt oder an etwas besonders Schönes gedacht hast, oft hast du keine Ahnung, warum gerade jetzt. Manchmal reichen starker Harndrang oder das Reiben einer engen Hose. Es kann dir aber auch passieren, dass du in der Nacht oder am Morgen mit feuchter Hose aufwachst. Das ist kein Urin, sondern Samenflüssigkeit. Das geschieht vor allem in der Pubertät, wenn sich in den Hoden zu viele Samenzellen aufgestaut haben und die ständig nachreifenden mehr Platz brauchen. Sie steigen dann die Samenleiter hoch. Da die Samenleiter unterhalb der Harnblase in die Harnröhre münden, gelangen die aus-

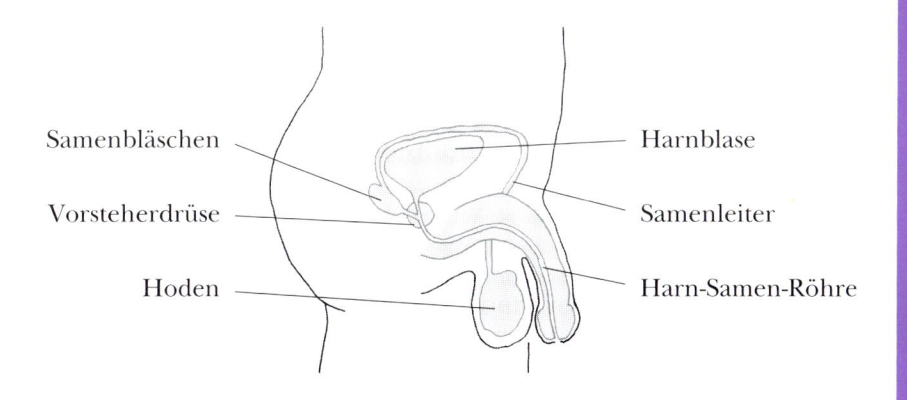

Samenbläschen
Vorsteherdrüse
Hoden
Harnblase
Samenleiter
Harn-Samen-Röhre

geschiedenen Samenzellen durch den Penis ins Freie. Der Samenerguss, auch Pollution genannt, sieht wie einige Tropfen einer milchigen, schleimigen Flüssigkeit aus und besteht aus mehreren Hunderttausenden von Samenzellen und Samenflüssigkeit aus den Drüsen.

Die regelmäßige Monatsblutung und der ganz unregelmäßige Samenerguss – mal kurz hintereinander mehrere, dann wieder selten – sind typische Zeichen der Geschlechtsreife von Frau und Mann.

13. Wie kommt das Baby in den Bauch rein?

Dieses Buch heißt „Woher kommen die kleinen Jungen und Mädchen?". Genau das möchte ich dir jetzt erklären. Du weißt schon einiges über dich und über andere Mädchen und Jungen, über das Zusammensein und Zusammenleben und über so wichtige Dinge wie sich und andere mögen. Sicher hast du auch schon gehört, dass wenn eine Frau und ein Mann sich ganz arg lieben, sie oft nach einiger Zeit eine kleine Tochter oder einen kleinen Sohn haben werden. Und bestimmt hast du auch schon Frauen mit besonders dickem Bauch gesehen, vielleicht sogar deine Mama oder deine Erzieherin im Kindergarten oder die Lehrerin in der Schule. Sie sind schwanger und werden in wenigen Monaten ein Kind gebären. Wenn deine Mama schwanger ist, bekommst du ein Geschwisterchen. Es könnte sogar sein, dass du schon die Fotografien gesehen hast, auf denen deine Mama vor Jahren einen dicken Bauch hatte, in dem du selbst gesteckt hast!
Sicher interessiert es dich, wie das geschehen kann, wie das Baby in den Bauch kommt. Bei allen Kindern ist das übrigens genau gleich. Und alle Menschen haben als Kinder angefangen.

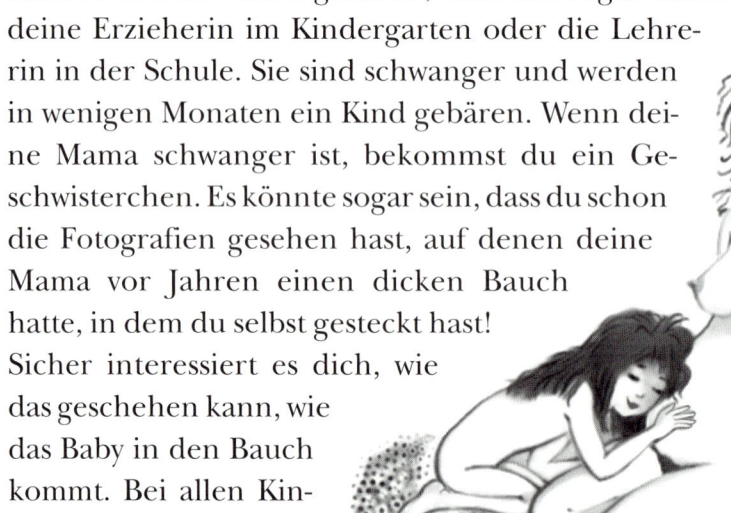

Zwei Menschen, ein Mann und eine Frau, sind unheimlich gerne zusammen, haben Sehnsucht nacheinander, verbringen viel Zeit gemeinsam, sie erholen sich, erledigen Aufgaben, essen, unterhalten sich, spielen zusammen, gehen aus, machen Ferien, schlafen zusammen und machen zusammen Pläne über ihre Zukunft. Sie pflegen sich gesund, trösten sich, nehmen Rücksicht aufeinander, wollen einander immer wieder eine Freude machen und schmusen und schmusen. Wenn sie so oft beieinander sein wollen, dann wollen sie sich auch spüren, haben Lust auf viel körperliche Nähe.

Am liebsten umarmen sie sich nackt. Sie küssen und sie streicheln sich überall am ganzen Körper und sagen sich die wunderschönsten Dinge. Und manchmal bekommen sie dann noch mehr Lust aufeinander. Man nennt das sexuelle Erregung. Der Penis wird vor Erregung ganz groß und steif, und in der Scheide der Frau prickelt es wie in einem Brauseglas. Die Scheide wird feucht, und der Kitzler schwillt an. Wenn beide es wollen und gut finden, steckt der Mann sein steifes Glied in die feuchte Scheide der Frau. Für zwei, die sich vertraut sind und sich lieben, eine wunderbare Form der Liebkosung, für die wir leider kein richtig passendes Wort haben. Man nennt es Geschlechtsverkehr, Sex machen, Liebe machen oder miteinander schlafen (obwohl mit Sicherheit keiner von beiden dabei schläft!). Manche sagen auch bumsen (klingt so nach Autounfall) oder vögeln (auch nicht sehr treffend), manchmal hörst du auch ficken dafür (klingt eher abschätzig und gar nicht mehr schön).

Durch die gemeinsamen Bewegungen, durch das Aneinanderreiben von Scheide und Penis, durch Küssen und Streicheln steigern die beiden ihr Wohligkeitsgefühl und ihre Erregung immer mehr, bis für beide ein Glückshöhepunkt (Orgasmus genannt) erreicht wird, der so toll ist, dass man kaum mehr atmen, nur noch vor Lust stöhnen kann. Beim Mann und bei der Frau ziehen sich alle Muskeln des Unterleibs rhythmisch zusammen. Wie ein schönes Feuerwerk zuerst im Unterleib, dann im ganzen Körper. Genau in dem Moment werden beim Mann die fertigen Samen aus den Hoden durch die Samenleiter zur Harnröhre gepresst und in lustvollen Wellen aus dem Penis ausgestoßen. Da der Penis in die Scheide eingeführt ist, strömen beim Samenerguss Millionen von Samenzellen in die Scheide der Frau. Die machen sich nun auf die Reise. Viele sterben bereits beim Durchgang durch die Scheide oder kommen hier nicht weiter, der Rest bleibt normalerweise noch einen bis zwei Tage am Leben und löst sich dann auf. Doch nun kommen wir auf das bereits erwähnte tolle Ereignis zu sprechen:

Wenn dies alles während der fruchtbaren Tage der Frau passiert, nämlich während ein reifes Ei durch den Eileiter zur Gebärmutter wandert, kann es tatsächlich einem Spermium gelingen, den weiten Weg durch die Gebärmutter in den richtigen Eileiter zu schaffen und dann noch das Ei zu finden. Die allermeisten bleiben jedoch auf der Strecke. Das stärkste und schnellste Spermium ist der Sieger. Am Ei angekommen, durchdringt es mit seinem Kopfstück die Eizelle, verliert seinen Schwanz, und Samen- und Eizelle verschmelzen miteinander. Die Befruchtung des Eies hat stattgefunden. Nun wird die Eihaut ganz fest, kein anderes Spermium, selbst wenn es den Weg bis hierher tatsächlich auch geschafft hätte, kann nun mehr die Eihaut durchstoßen.

Das befruchtete Ei wandert weiter zur Gebärmutter und teilt sich unterwegs die ganze Zeit. Etwa eine Woche nach der Befruchtung kommt in der Gebärmutter bereits ein kleiner Zellhaufen an. Diesmal gibt es keine Monatsblutung, die Gebärmutter stößt nach diesem Wunder ihre Schleimhaut nicht ab, sondern polstert sie dick aus, damit der Zellhaufen sich dort in aller Ruhe für die Zeit der Schwangerschaft einnisten kann.

Den Zellhaufen nennt man zuerst Embryo, nach drei Monaten dann Fötus, was alles nichts anderes bedeutet, als dass ein neuer Mensch entsteht. Das Ausbleiben der Blutung ist ein erstes Zeichen für eine Schwangerschaft. Während der neun Monate im Mutterleib entstehen aus den zwei Startzellen des Geschehens, der Eizelle und der Samenzelle, die sich gefunden haben, zwei Milliarden Zellen, die ein Baby werden.

Du siehst, alle wichtigen Veränderungen in der Pubertät ereignen sich als Vorbereitung zur Entstehung eines neuen Menschen.

14. Was macht das Baby eigentlich im Bauch? Und wie kommt es da raus?

Das Baby wächst und wächst, bis es etwa 50 cm lang ist. Seine Zeit im Bauch der Mutter nennt man die Schwangerschaft. Da das Kind immer größer wird, muss auch der Bauch der Mutter immer größer werden. Die Entwicklung von der befruchteten Eizelle bis zur Geburt des Kindes dauert etwa 266 Tage. Das sind rund neun Monate im Bauch. Das Baby schwimmt in einer wasserähnlichen Flüssigkeit, umgeben von der Fruchtblase, drum herum die Gebärmutter. In diesem „Wasserbett" ist es gut gepolstert und geschützt.

Vielleicht hast du dir schon einmal überlegt, was das Baby im Bauch isst und trinkt, denn wie soll es ohne Nahrung so schnell von 0 cm auf 50 cm heranwachsen. Wenn du auch nach der Geburt in dieser Geschwindigkeit weitergewachsen wärst, dann wärst du mit 10 Jahren schon über 6 Meter groß! Für diesen Wachstums-Geschwindigkeitsrekord ist das Baby tatsächlich die ganze Zeit bestens versorgt mit allem, was es braucht. Und es wird verwöhnt.

Es muss nämlich nicht kauen, nicht mal schlucken, verdauen oder atmen, denn für diese Aufgaben wäre es zumindest in den ersten Monaten noch keineswegs ausgestattet. Es bekommt bereits verdaute Nahrung und Sauerstoff (als Ersatz für das Atmen) direkt von seiner Mutter über eine Versorgungsleitung wie die Astronauten und die Taucher geliefert. Diese Versorgungsleitung, Nabelschnur genannt, verbindet das Baby direkt mit dem Blutkreislauf seiner Mama. Wo deine Nabelschnur war, siehst du heute noch. Dein Bauchnabel war die Stelle, an der die Nabelschnur in deinen Körper führte. Das andere Ende der Nabelschnur war mit der stark durchbluteten Innenschicht der Gebärmutter verbunden. (Diesen Teil der Gebärmutter nennt man Plazenta.) Nährstoffe und Sauerstoff kamen auf diesem Weg über die Nabelschnur zu dir. Und was du nicht mehr brauchen konntest, deine Abfallstoffe, wurden in anderer Richtung über die Nabelschnur von dir weg transportiert und von deiner Mama über ihre Nieren und ihren Darm ausgeschieden. Ihr wart schon damals ein tolles Team!

Bereits in den ersten drei Monaten entwickeln sich sämtliche Gliedmaßen und Organe des Kindes. Händchen, Öhrchen, Füßchen, Näschen – alles ist schon da, nur eben winzig klein. Vielleicht hast du mal die Gelegenheit, Bilder von Babys im Mutterleib zu sehen. Du wirst staunen. Wenn sie erst einige Monate im Bauch sind, nuckeln manche tatsächlich schon am Daumen, streicheln sich mit dem Händchen über die Wange oder halten sich an der Nabelschnur fest wie am Griff in der Straßenbahn.

Jetzt schon können die Eltern dem Baby zeigen, dass sie es sehnlichst erwarten. Vielleicht stimmt ja gar nicht, was ich vor einigen

Kapiteln geschrieben habe: Gleich nach deiner Geburt hat das mit dem Lieben angefangen. Vielleicht ist das sogar schon vorher geschehen, als du noch im Bauch warst. Ich glaube, dass du gespürt hast, wie Mama mit dir im Bauch gesprochen hat, wie Papa Mamas Bauch mit dir drin gestreichelt hat. Du hast nämlich genau festgestellt, wann es Mama besonders gut ging, wenn sie sich entspannt hat, Musik gehört oder gebadet hat. Dann hat sich ihr Wohlgefühl auf dich übertragen. Auch wenn sie Stress hatte, hast du das gemerkt und hast mitgezappelt.

So spannend das im Bauch auch war, irgendwann wurde dir diese Ein-Zimmer-Wohnung zu klein und zu langweilig. Und du hast Signale nach außen gesendet, dass du nun bereit für die Außenwelt bist und bald rauskommen wirst. Ich sage dir, dann sind die da draußen plötzlich munter geworden. Alles wurde für deine Ankunft vorbereitet. Zu Hause, im Krankenhaus oder wo immer du zur Welt kommen solltest. Und dann hast du dich, mit Mamas kräftiger Unterstützung, auf den Weg gemacht. Mit dem Köpfchen voraus. Wenn die Geburt bevorsteht, beginnt sich die Gebärmutter rhythmisch zusammenzuziehen, um das Kind durch die Scheide hinauszudrücken. Dieses Zusammenziehen nennt man Wehen. „Mein Gott, wie soll das durch diesen engen, schmalen Gang mit der kleinen Öffnung gehen?", fragst du dich vielleicht. Sicher, es ist eng, aber es geht, da die Scheide sich unwahrscheinlich stark dehnen kann und tatsächlich zuerst den Kopf und dann den Rest des Kindes hindurchlässt. Das alles geht nicht schnell und kann auch weh tun. Es können Stunden vergehen von den ersten Wehen bis zur Geburt des Kindes. Aber dann ist das Kind da, nach einer richtigen Heldentat, unverletzt und meist sogar recht munter. Und die Freude ist unbeschreiblich. Und alle Schmerzen vergessen. Jetzt sind die Eltern stolz, sag ich dir.

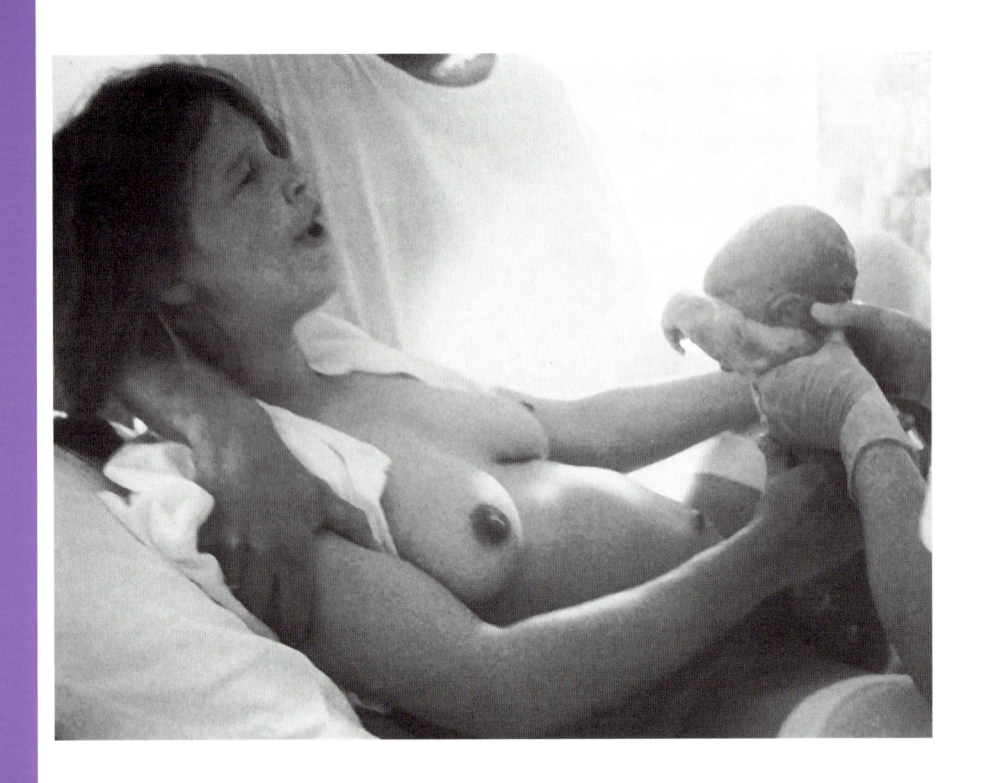

Das Kind ist auch dann immer noch über die Nabelschnur mit der mütterlichen Gebärmutter verbunden. Diesen Versorgungsschlauch braucht es nun nicht mehr, denn direkt nach der Geburt beginnt das Kind mit seinen eigenen Lungen zu atmen, und schon bald wird es die erste Milch aus Mamas Brust trinken. Die Nabelschnur ist also überflüssig geworden, fällt in sich zusammen und kann dann abgeschnitten werden, ohne dass Kind oder Mama etwas davon merken. Zurück bleibt als Erinnerung der Nabel.

Kurz nachdem das Kind geboren worden ist, wird mit einer oder zwei weiteren Wehen das kleine Nest des Kindes, die sogenannte Nachgeburt, ausgestoßen. Teile der Gebärmutter (nämlich die Plazenta) lösen sich ab und werden nun mit dem Rest der Nabelschnur auch durch die Scheide ausgeschieden. Bekommt die Mama später ein weiteres Kind, wird für dieses neue Kind in der alten Gebärmutter ein eigenes Nest aufgebaut: eine eigene Plazenta und eine eigene Nabelschnur.

In den Tagen und Wochen nach der Geburt wird die gedehnte Gebärmutter nun wieder birnenklein, und der Bauch, der über Monate das Kind beherbergt hat, bildet sich wieder zu seiner normalen Größe zurück. Doch auch wenn man äußerlich an der Mutter nichts mehr sieht, ist nichts wie vorher! Ein Kind wurde nämlich geboren, ein neuer Mensch ist da!

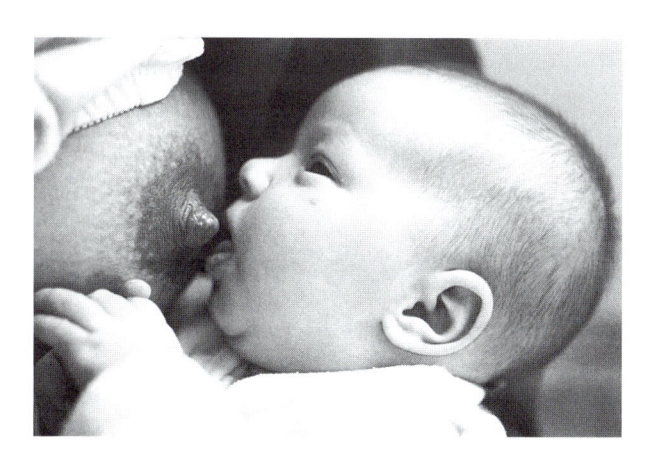

15. Sich lieben, sich schützen, sich für ein Kind entscheiden

Das Wunder, das ich dir soeben beschrieben habe, die Entstehung eines Menschenkindes, sollte nur geschehen, wenn der Wunsch nach einem Kind da ist und außerdem ganz groß ist. Wenn zwei Menschen sich so sehr lieben, dass sie zusammenbleiben wollen, dann werden sie sich auch meist irgendwann ein Kind oder sogar mehrere Kinder wünschen. Doch eben irgendwann mal in der Zukunft, nicht sofort und auch nicht jedes Mal, wenn sie sich lieben. Zuerst soll und will man sich zu zweit genießen, sich in vielen verschiedenen Situationen kennenlernen, um festzustellen, ob man denn überhaupt zusammenpasst und nicht nur prima zusammen tanzen und feiern kann. Nur füreinander möchte man da sein, sich die meiste Zeit nur umeinander kümmern müssen. Und man möchte oft zusammen schmusen, auch ganz oft die Lust auskosten, miteinander zu schlafen, also Liebe zu machen. Paare haben zumeist viele hundert Male zusammen Liebe gemacht, bevor sie sich ein Kind gewünscht haben, und sie werden wieder viele, viele Male miteinander schlafen, bevor sie vielleicht ein zweites Kind bekommen. Wenn überhaupt noch ein Kind kommen soll.

Menschen, die sich lieben, haben Sex miteinander, wann immer und wie oft sie beide es wollen. Das Miteinanderschlafen macht sie glücklich und bindet sie aneinander. Sie gehören zusammen. Aber ein Kind soll nur dann gezeugt werden, im Bauch seiner Mama heranwachsen und auf die Welt kommen, wenn es gewünscht ist. Dann ist die Chance auch am größten, dass es vom ersten Moment an, an dem man von seinem Kommen weiß, geliebt und sehnlichst erwartet wird. Nicht zufällig, weil es halt passiert ist, sollen Kinder zur Welt kommen. Sie sind etwas viel zu Kostbares, um aus Versehen zu entstehen. Damit eine Frau nicht ungewollt schwanger wird, müssen Paare verhüten. Das heißt, sie müssen, wenn sie sich so richtig körperlich lieben wollen, verhindern, dass dabei Samenzellen des Mannes auf die Eizelle der Frau treffen.

Wenn du vorhin gut aufgepasst hast, kommst du jetzt vielleicht auf die Idee zu sagen, die zwei dürfen einfach an den fruchtbaren Tagen der Frau nicht zusammen schlafen, dann kann nichts passieren. Eigentlich hast du Recht. Denn nur, wenn sich ein reifes Ei auf der Wanderung im Eileiter befindet, kann es von einem Spermium befruchtet werden. Aber leider weiß die Frau oft nicht genau, wann ihre fruchtbaren Tage sind, und die Samenzellen des Mannes können auch ohne weiteres mal zwei oder drei Tage aktiv und beweglich bleiben – und schon ist es passiert. Diese Methode ist einfach zu unsicher, wenn man kein Kind haben möchte.

Es gibt aber verschiedene sichere Möglichkeiten. Ich möchte dir nur zwei ganz übliche nennen, damit du verstehst, was verhüten heißt. Verhüten können der Mann und die Frau. Schwanger werden kann zwar nur die Frau, aber Mutter und Vater werden dann wieder beide. Beide tragen Verantwortung für das Kind, das sie gemeinsam (und es geht nur gemeinsam!) gezeugt haben.

Die sicherste Methode zu verhüten ist die Einnahme der sogenannten Antibabypille, auch kurz Pille genannt. Wenn die Frau sie regelmäßig täglich einnimmt, hat sie einen dreifachen Schutz: Erstens reifen dann keine Eizellen in den Eierstöcken heran, und der

Eisprung wird unterdrückt. Zweitens versperrt eine feste Schleimschicht den Samenzellen den Eingang in die Gebärmutter. Und drittens wird die Gebärmutterhaut durch die Pille so verändert, dass sich ein befruchtetes Ei gar nicht einnisten könnte, sondern mit der Periode hinausgespült werden würde.

Der Mann kann mit einem Kondom, auch Präservativ, Pariser oder Gummi genannt, verhüten, dass beim Geschlechtsverkehr ein Kind gezeugt wird. Ein Kondom ist ein hauchdünnes Gummikäppchen, das kurz vor dem Geschlechtsverkehr über das versteifte Glied gestreift wird. Es behindert den Liebesakt nicht, verhindert aber, dass Samenzellen des Mannes in die Scheide der Frau gelangen. Beide können trotzdem einen Orgasmus haben. Nur werden die Samenzellen sozusagen abgefangen und in die dehnbare Spitze des am Penis eng anliegenden Kondoms entleert und nicht in die Scheide der Frau abgegeben. Nur weil man miteinander schlafen möchte, ist das kein Grund, ein Kind zu zeugen. Miteinanderschlafen ist eine Sache – sich gemeinsam ein Kind wünschen, weil man sich liebt und zusammengehört, ist eine andere.

Ein Kondom ist nicht nur zur Verhütung einer unerwünschten Schwangerschaft wichtig. Es spielt auch eine ganz wichtige Rolle, wenn man sich vor einigen Krankheiten schützen will. Sicher hast du schon von der Krankheit Aids gehört oder gelesen. Es ist eine schwere Krankheit, die den Körper so schwächt, dass das Immunsystem, die eigene Körperpolizei, krankmachende Erreger nicht mehr vernichten kann. Jede kleine Infektion wie Erkältungen oder Entzündungen, die ein gesunder Mensch nach wenigen Tagen überstanden und besiegt hat, werden für einen aidskranken Menschen zur Katastrophe und können zu seinem Tod führen. Und der Aidsvirus, der zu dieser schlimmen Krankheit führt, wird – wie wir heute wissen – beim Geschlechtsverkehr mit aidsinfizierten Menschen oder durch blutverschmutzte Spritzen, z. B. von infizierten Drogensüchtigen, übertragen. Aidsviren finden sich nämlich in der Samen- oder Scheidenflüssigkeit und im Blut. Beim Miteinanderschlafen kommt man mit der Samen- oder Scheidenflüssigkeit seines Liebespartners oder seiner Liebespartnerin in Kontakt. Blutreste befinden sich an Spritzen, die von Rauschgiftsüchtigen oft mehrmals benutzt und untereinander ausgetauscht werden. Nur auf diesem Wege besteht die Gefahr, sich bei aidskranken Menschen anzustecken. Nicht beim Küssen, Schmusen, Niesen, Husten, Aus-dem-selben-Glas-Trinken, nicht beim Benutzen derselben Toilette, Zusammen-Schwimmen und Spielen.

Da die Aidsviren bereits lange unbemerkt im Körper sein können, bevor die Krankheit ausbricht, weiß man beim Kennenlernen eines Menschen oft nicht, ob er gesund oder vielleicht infiziert ist. Gerade junge Menschen, die noch keinen festen Partner oder keine feste Partnerin haben, die die Liebe erst langsam kennenlernen wollen, sollten kein Risiko eingehen und schutzlos Liebe machen. Ein Kondom verhindert die Ansteckung mit Aids. Es schützt die Gesundheit der Frau, da keine Samenzellen und Samenflüssigkeit zu ihr gelangen; es schützt das Leben des Mannes, weil sein Penis nicht mit der Scheidenflüssigkeit der Frau in Berührung kommt.

Ein Kondom nimmt die Angst, die Angst vor einer ungewollten Schwangerschaft wie auch die Angst vor Aids. Und Angst und Liebe passen nicht zusammen.

16. Wer liebt wen?

Auf Schulbänken, in U-Bahn-Stationen, an Gartenzäunen und Bäumen kannst du lesen, wer wen liebt. Die Kathi den Fritz, der Sebastian die Babette, der Mike den Robin – hä? – ein Schreibfehler?

Wo die Liebe so hinfällt. Wenn man ein Pärchen irgendwo in der Stadt beobachtet, denkt man manchmal, die zwei passen wirklich gut zusammen. Bei anderen überlegt man sich, wie zwei so unterschiedliche Menschen sich wohl gefunden und lieb gewonnen haben könnten. Gleich und gleich gesellt sich gern, sagt man manchmal, und irgendwo stimmt das sicher auch. In wen man sich aber genau verlieben wird, weiß niemand im Voraus.

Was ich dir jetzt erklären möchte, ist Kindern oft viel einfacher zu erklären als Erwachsenen. Kinder haben viel breitere Liebeserfahrungen als Große. Sie lieben ihre Mama und ihren Papa, die Geschwister, Oma, Opa, ihre beste Freundin, ihren besten Freund, ihren Hund, ihr Stoffkaninchen, Musik zum Sonntagmorgenfrühstück, Schokoladeneis mit Erdbeeren und den Duft von Sommer. Sicher fällt dir noch viel mehr und ganz was anderes ein, wen und was du liebst. Erwachsene sind da meist viel langweiliger. Männer lieben Frauen, Frauen lieben Männer – und damit basta! Mehr fällt ihnen zu diesem Thema meist nicht ein. Doch es gibt noch viel mehr Liebesmöglichkeiten. Die meisten Frauen verlieben sich tatsächlich in Männer, weil sie sie anziehend, spannend, verlockend und toll finden. Und die meisten Männer verlieben sich in Frauen, weil sie sie attraktiv, schön, erregend und atemberaubend finden.

Es gibt aber auch viele Männer, die sich in Männer verlieben und diese begehrenswert finden. All ihre Wünsche an einen Liebespartner werden bei ihnen besser oder nur von einem Mann erfüllt. Diese Männer nennt man homosexuell. Das ist ein griechisches Wort, das beschreibt, dass sich Menschen desselben Geschlechts lieben und begehren. Sie selbst bezeichnen sich oft als schwule Männer. Sie haben gar nichts gegen Frauen, sind sogar oft mit welchen befreundet, jedoch lieben tun sie Männer, da sie sich einfach mehr zu ihnen hingezogen fühlen. Diese Liebe ist für sie genauso schön und genauso erfüllend, wie die Liebe zwischen einem Mann und einer Frau sein kann.

Und genauso gibt es Frauen, die sich nur in Frauen verlieben. Sie finden das Wesen und den Körper einer Frau viel schöner und erregender als den eines Mannes. Und deshalb suchen sie sich eine andere Frau als Liebespartnerin und Lebensgefährtin. Auch diese Frauen sind homosexuell, lieben also Menschen des Geschlechts, zu dem sie selbst gehören. Um sie von homosexuellen Männern unterscheiden zu können, werden sie auch Lesben genannt, ihre Liebe nennt man lesbische Liebe.

Lesbische oder schwule Paare können genauso zusammenleben und glücklich sein wie Paare, die aus einem Mann und einer Frau bestehen. Sie haben Sehnsucht, große Lust, Liebeskummer, Sorgen und Glück wie alle anderen Paare. Auch Männerpaare und Frauenpaare schmusen, streicheln, küssen und liebkosen sich und können in ihrer körperlichen Liebe auf genauso vielfältigem Wege zum Orgasmus kommen wie gemischte Paare. Nur Kinder bekommen können sie zusammen natürlich nicht. Lesbischen Paaren fehlen die Samenzellen zur Befruchtung, schwulen Paaren die Eizellen. In einigen Ländern, wie z. B. in Dänemark, können jedoch zwei verliebte Männer oder zwei sich liebende Frauen heiraten. Und die Paare können Kinder adoptieren, also eine Familie gründen.

Da es zu keiner Schwangerschaft kommen kann, müssen diese Paare auch keine Schwangerschaft verhüten. Trotzdem schützen sich homosexuelle Männer beim Miteinanderschlafen durch Kondome vor einer Aidsansteckung.

Wieso manche Männer nur Männer lieben und manche Frauen nur Frauen, weiß man nicht. Das alles ist keine Krankheit, die geheilt werden muss, sondern nur eine andere Form zu leben und glücklich zu werden. Homosexuelle stellen meist am Ende der Pubertät fest, dass sie nicht das andere, sondern das gleiche Geschlecht anzieht. Oft sind sie über diese Entdeckung zuerst erschrocken, da alle Menschen lieber so wie die meisten und nicht wie einige wenige sein wollen. Das ist nämlich einfacher. Manchmal wissen sie auch nicht, mit wem sie darüber sprechen sollen, da selbst die eigene Familie, die Eltern und Geschwister, beunruhigt auf diese Mitteilung reagiert. Diese Beunruhigung liegt nicht daran, dass an der Homosexualität etwas Komisches ist, sondern daran, dass wir alle nicht so gut mit etwas Seltenem umgehen können, da nun mal die meisten Menschen heterosexuell veranlagt sind, also ihr Gegengeschlecht lieben. Und unser Liebesdenken und unsere Vorstellungen vom Zusammenleben sind deshalb gewohnheitsmäßig auf Mann-Frau-Paare ausgerichtet. Hier müssen wir einfach dazulernen. Warum sollte der Mike den Robin nicht lieben oder die Sarah die Klara? Mir sind Menschen, die sich lieben, allemal lieber als Menschen, die niemanden lieben.

17. Wer lebt mit wem zusammen, oder was ist eine Familie?

Jeder Mensch hat einen Vater und eine Mutter, beide muss er zumindest zum Zeitpunkt seiner Zeugung gehabt haben. Du weißt ja inzwischen: Damit ein Mensch entsteht, müssen die Eizelle einer Frau und die Samenzelle eines Mannes zusammenkommen und miteinander verschmelzen. Bereits in diesem Moment hat sich entschieden, wer die leibliche Mutter und wer der leibliche Vater dieses neu entstehenden Kindes sind. Zu richtigen Eltern werden sie aber erst, wenn sie ihr Kind auch wie eine Mutter und wie ein Vater versorgen, pflegen und lieben und es liebevoll und zuverlässig begleiten. Auch wenn das Kind schon lange erwachsen ist, vielleicht selbst bereits eigene Kinder hat, bleibt die Beziehung der Eltern zu ihrem Kind meist erhalten – und auch andersherum die Beziehung des Kindes zu seinen Eltern.

Früher gab es viele Großfamilien, in denen Eltern mit ihren Kindern, Onkel, Tanten und Großeltern ein ganzes Leben lang in einem Haushalt zusammenlebten. Heute findet man bei uns solche Großfamilien nur noch selten. Auch haben heute viel weniger Kinder als früher mehrere Geschwister. Oft sind sie sogar Einzelkinder. Die Kleinfamilie ist bei uns am häufigsten. Wenn du nachdenkst, werden die meisten Familien, die du kennst, aus Mutter, Vater und Kind, vielleicht zwei Kindern bestehen.

Aber ganz sicher kennst du auch Familien, in denen nur die Mutter oder nur der Vater mit dem Kind oder den Kindern in einem Haushalt lebt. Vielleicht ist das fehlende Elternteil gestorben, und die anderen sind deshalb allein. Oder die Eltern haben sich scheiden lassen, da sie sich nicht mehr so gut verstanden, um so eng zusammen leben zu wollen. Sie haben dann zwei getrennte Haushalte aufgebaut, bleiben aber natürlich trotzdem für ihre Kinder Vater oder Mutter. In einer solchen Situation müssen alle mithelfen, dass die Kinder weiterhin regelmäßig ausgiebig mit beiden Eltern zusammen sein können, um sie auch nach der räumlichen Trennung wirklich noch als ihren Vater und ihre Mutter erleben

und empfinden zu können. Die Eltern sind ja nicht von ihren Kindern geschieden, sondern nur vom Ehepartner. An der Liebe zu ihren Kindern ändert eine Scheidung nichts.

Leiblicher Vater zu werden, ist eine Sache von wenigen Minuten. Du erinnerst dich an das Miteinanderschlafen an den fruchtbaren Tagen der Frau. Wirklicher, richtiger Vater zu werden und zu sein, dauert viele Jahre, und zwar Tag und Nacht, bei Gesundheit und Krankheit des Kindes. Immer für das Kind da sein, es lieben, versorgen, erziehen, all das sind Vateraufgaben, deren Erfüllung einen Mann erst zu einem richtigen Vater macht. Und so kann es durchaus sein, dass ein Mann, der gar nicht der leibliche Vater des Kindes ist, bei diesem Kind auf diesem Liebeweg zum wirklichen Vater werden kann. Weil er sich ihm gegenüber wie ein Vater verhält. Einen Vater zu haben, der sich wie ein Vater verhält, ist wichtig, egal ob dies der leibliche Vater ist oder nicht. Du siehst also, es gibt Kinder, die zwei Väter haben können: einen leiblichen, den sie vielleicht gar nicht kennen, und einen, der als Vater mit ihnen lebt. Genau dasselbe gilt übrigens auch für Mütter. Leibliche Mutter wird man ebenfalls automatisch mit der Zeugung, Schwangerschaft und Geburt, „richtig" Mutter wird man erst durch Muttersein!

Eigentlich eine tolle Sache. Toll für die Kinder, bei denen die leiblichen Eltern auch die wirklichen Eltern sind. Ganz toll aber auch für die Kinder, die richtige Mütter und richtige Väter finden, obwohl diese gar nicht ihre leiblichen Eltern sind.

Manchmal sind Mütter von Anfang an, also ab der Geburt des Kindes alleinerziehend. Die Kinder kennen dann ihren leiblichen Vater oft nicht. Dafür kennen sie aber vielleicht ihre Großeltern besonders gut oder Freunde und

Freundinnen der Mutter oder der Familie. Die Mütter können ihren Kindern sicher, wenn sie alt genug sind und es wissen wollen, erzählen, warum ihr leiblicher Vater nicht auch zu einem richtigen Vater geworden ist. Vielleicht war ihm, weil er selbst noch sehr jung war, die Verantwortung für ein Kind zu groß? Vielleicht konnte er sich kein Baby in seinem Leben und sich selbst nicht als Vater vorstellen? Manche Frauen möchten auch nicht mit einem Mann zusammenleben, aber sie wollen trotzdem ein Kind, mit ihm wollen sie gerne ihr Leben teilen, aber eben nicht mit einem Mann.

Du siehst, es gibt viele Gründe, weshalb man so unterschiedliche Menschengruppen als Familie bezeichnet. Ein Kind oder Kinder gehören dazu, aber wie viele Erwachsene noch dabei sind, kann ganz verschieden sein. So lebt eine Familie in einer Wohnung, die andere in einem Haus, manchmal leben mehrere befreundete Menschen mit ihren Kindern zusammen in einer großen Wohnung oder in einem großen Haus, manchmal mehrere Generationen, also Großeltern, Eltern und Kinder unter einem Dach. Familie ist da, wo sich ein Kind daheim, wohl, geborgen und dazugehörend fühlt.

18. Es gibt Ausdrücke, die sind blöd, und manche sind sogar mehr als blöd

Wenn Kinder sich streiten und dabei richtig wütend aufeinander werden, dann fallen oft scharfe Worte. Im Zorn können sie nicht mehr richtig nachdenken, und dann werden einfach Worte, die wie Schläge treffen sollen, dem „Feind" ins Gesicht geschleudert. „Du bist ja so hundsgemein!" „Einfach saublöd von dir!" „Du Arschloch!" Mit diesen Beschimpfungen drückt man seine Wut aus und will gleichzeitig auch den anderen verletzen. Als Strafe gedacht, weil er einen selbst ja zuvor bereits beleidigt oder geärgert hat. Das ist natürlich kein toller Umgang miteinander. Aber es kommt immer wieder vor, dass man denkt, mit diesen Beschimpfungen Dampf ablassen zu können. Nicht gerade die vornehme Art, aber irgendwie auch verständlich. Nicht nur Kinder und Jugendliche, auch Erwachsene machen sich oft auf diesem einfachen Wege Luft, wenn die Wut sie drückt. Und ein aus der Tiefe der Seele kommendes „Scheiße" kann in frustrierenden Situationen höchst befreiend sein. Das gebe ich gerne zu.

Ganz häufig denkt man sich gar nicht viel dabei, wenn man so schimpft und Ausdrücke wie Pfeile von sich schleudert. Überlegt überhaupt nicht, was man da eigentlich so von sich gibt und wie diese Worte beim Beschimpften ankommen können. Ich will dich etwas aufmerksamer dafür machen, was in einer solchen Streitsituation gesagt wird und was nach diesen Worten beim anderen ablaufen kann. Wenn du andere Streithähne beobachtest oder auch dir selbst im Nachhinein überlegst, was du im Zorn gerufen hast, wird dir auffallen, dass alle Schimpfworte den Gegner immer beleidigen und verletzen sollen. Er wird mit Ausdrücken belegt, die ihm zeigen sollen, dass er dumm, eben nicht ganz richtig im Kopf ist. Und dass er nicht zurechnungsfähig ist. Eigentlich gar kein ebenbürtiger Gegner. „Bei dir tickt es wohl nicht richtig!" „Du spinnst, bist bescheuert!" „Total verblödet, was?" Oder der Beschimpfte wird in der Auseinandersetzung mit einem Tier verglichen, also herabgesetzt, indem ihm alles Menschliche abgesprochen wird. „Du alte Sau!" „Du dumme Gans!" „Du blöder Ochs!"

Du kennst aber sicher einige Schimpfworte, die man nur deshalb einsetzt, weil sie in einem bestimmten Alter oder in einer bestimmten Gruppe gerade in Mode gekommen sind. Oftmals wirst du anfangs gar nicht wissen, was die einzelnen Worte bedeuten. Du stellst nur fest, dass sie unheimlich gut wirken. Wer sie sagt, gehört dazu. Und zwar zu der Gruppe, die was zu sagen hat, die den Ton angibt. Diejenigen, die diese Schimpfworte sagen, wirken unheimlich stark, cool sogar. Diejenigen, die sie an den Kopf geworfen bekommen, sind – wie beabsichtigt – stinksauer, wehren sich um so heftiger oder ziehen beleidigt und gedemütigt ab. Was sind das eigentlich für Worte? „Du Ficker", „Du Wichser", „Du Schwanz", „Du Fotze"!

Jetzt, nachdem du weißt, was diese Worte heißen, kommst du vielleicht ins Grübeln, ob sie als Beschimpfungen geeignet sind. Und vor allem, ob du sie eigentlich wirklich als beleidigenden Ausdruck sagen möchtest. Ficken ist ja ein recht derbes Wort für Miteinanderschlafen, also Liebe machen. Wichsen ist eine abfällige Bezeichnung für Selbstbefriedigung. Als Schwanz wird im lockeren Umgangston der Penis bezeichnet und die Scheide manchmal recht unschön als Fotze. Ich glaube ja, dass nur solche Kinder und Erwachsene die Wörter als Schimpfwörter benutzen, die noch nicht wissen, noch nicht am eigenen Leib erfahren haben, wie schön es sein kann, sich und andere zu lieben, und wie lustbringend diese Körperstellen sein können. Alles, was zu Zärtlichkeit und körperlicher Liebe gehört, verunsichert sie. Um die Verunsicherung nicht zu groß werden zu lassen, werten sie es als Schimpfwort ab. Sie verwenden z. B. nicht „Du Lacher", „Du Genießer", „Du Fußballer" als Ausdrücke, weil sie da bereits genau wissen, dass lachen, Feines genießen und Fußball spielen schön sein können.

Es gibt unter den Beschimpfungen und Ausdrücken, die man unbedacht gegen jemanden verwendet, solche, die nicht nur die Menschen beleidigen, auf die man gerade eine dicke Wut hat, sondern auch noch andere Menschen ganz tief verletzt. Selbst wenn man diese Wirkung gar nicht beabsichtigt hat. Ich will dir nur ein Beispiel nennen. In den letzten Jahren hört man immer wieder die Beschimpfung: „Du hast wohl Aids!", womit ausgedrückt werden soll, der so Beleidigte wäre wohl so krank, dass sein Gehirn nicht mehr zuverlässig arbeiten würde, denn sonst hätte er wohl nicht so etwas Blödes gemacht. Die Krankheit Aids, bei der der ganze Körper schwächer wird, hat in ihrem Endstadium, kurz bevor der infizierte Mensch stirbt, tatsächlich die Folge, dass das Gehirn nicht mehr richtig arbeiten kann. Diese grausamen Zusammenhänge, die für so viele Menschen unermessliches Leid bedeuten, dürfen nicht unbedacht als Schimpfwort für jemanden verwendet werden, der etwas sagt, was einem im Augenblick nicht passt, oder der etwas tut, was man gerade nicht toll findet. Ich glaube, das verstehst du jetzt.

19. Von den total blöden Mädchen und den völlig bescheuerten Jungs zu echt starken Weibern und sweeten Superkerls

Im Vorschulalter spielen Mädchen und Jungen miteinander. Sie spielen nämlich einfach mit den Kindern, die da sind und mitmachen wollen. Mit denen aus der Straße, in der sie wohnen, mit denen aus der Kindergartengruppe, mit denen, die sie auf dem Spielplatz treffen – ganz egal, ob es Jungen oder Mädchen sind. Es ist wichtiger, wenn man bauen möchte, jemanden zu finden, der gerade auch nichts lieber täte als bauen, oder jemanden zum Fußballspielen, für Räuber und Gendarm oder zum Detektivspiel, viel wichtiger als die Tatsache, ob dies nun ein Junge oder ein Mädchen ist. Im Kindergartenalter zählen der Spezialist oder die Spezialistin für irgendein tolles Spiel viel mehr, unabhängig davon, ob sein oder ihr Name Matthias oder Sandra ist. Im Kindergartenalter kann man sich auch vormittags im Spiel so schlimm verkrachen, dass man sich schwört, nie mehr miteinander zu spielen, noch nicht einmal miteinander zu sprechen. Und gerade an diesem Nachmittag hüpft man mit dem „Erzfeind vom Vormittag" an der Hand freudig aus dem Kindergarten heraus, weil man seit Stunden so toll zusammen gespielt hat und genau dieses Kind jetzt der allerbeste Freund oder die allerbeste Freundin ist – und zwar für immer und ewig.

Diese Begeisterung gleichermaßen für Jungen wie für Mädchen hält bis ins Grundschulalter an. Auch dann machen noch viele Mädchen und Jungen alles Mögliche zusammen. Aber man merkt schon, dass sich diese Situation ganz langsam ändern wird. An ihrem

Geburtstag laden einige Mädchen plötzlich nur noch Mädchen zum Fest ein. „Dann sind wir mal nur unter uns und können machen, was wir wollen!" Im Sport gibt es jetzt schon ab und zu mal reine Mädchen- und reine Jungengruppen, damit die einen dieses, die anderen jenes Spiel spielen können. Zu einer Einigung über ein Spiel ist es nämlich nicht gekommen. Bei den Nachmittagshobbys ist es dir sicher auch schon aufgefallen, dass mehr Mädchen ins Ballett und dafür mehr Jungen ins Judo gehen wollen als umgekehrt. Trotz dieser Spezialitäten kann man ja immer noch viel gemeinsam machen.

Doch Ende der Grundschulzeit weht plötzlich ein anderer Wind. Jetzt grenzen sich Mädchen und Jungen oft absichtlich voneinander ab. Auf dem Pausenhof gibt es eine Jungen- und eine

Mädchenecke. Jungen treffen fast nur noch zusammen mit anderen Jungen vor der Schule ein, Mädchen verlassen das Schulgelände bevorzugt in Begleitung ihrer Freundinnen. Und wenn man fragt warum, dann können die Antworten so aussehen: „Ach, die Jungen sind oft so doof, ärgern uns dauernd und stören uns bei allem, was wir machen wollen!" Und die andere Seite klagt: „Die Mädchen sind jetzt echt zickig drauf, immer dieses komische Gemache und Gekichere untereinander. Und was Anständiges machen kann man mit ihnen auch nicht mehr!" Ganz typisch für diese Zeit ist auch die Tatsache, dass Mädchen nun Bilder mit Mädchen darauf besonders schön finden, Jungen jedoch Bilder mit Jungenabbildungen vorziehen. Mädchen verbringen die meiste Zeit mit der besten Freundin oder in Mädchengruppen, während Jungen einen besten Freund haben und nur in Jungengruppen losziehen.

Spannend bei all diesen Geschichten ist, dass sich diese gegenseitige Abgrenzung besonders dann deutlich zeigt, wenn mehrere Jungen auf mehrere Mädchen treffen. Begegnen sich ein Mädchen und ein Junge, die sich kennen, zufällig irgendwo, ohne dass andere dabei sind, können sie sich durchaus anlächeln, reden oft ganz normal miteinander, essen vielleicht ein Eis zusammen oder setzen sich im Kino wie eh und je nebeneinander. Was aber lange noch nicht bedeuten muss, dass die beiden am nächsten Morgen auf dem Pausenhof, wenn viele Jungen- und Mädchenaugen sie beobachten könnten, sich wieder einander nähern, sich unterhalten oder gar etwas zusammen machen würden. Jetzt trauen sich weder das Mädchen noch der Junge aus der eigenen Gruppe heraus, um mit einem Mitglied der anderen Gruppe vor aller Augen und Ohren Kontakt aufzunehmen. Man findet also nicht den Stefan blöd, sondern Jungen allgemein. Gegen die Katja hat man nichts, aber mit den Mädchen will man gerade nicht viel zu tun haben! Eigentlich eine verrückte Situation, die auch nur kurze Zeit, vielleicht zwei bis drei Jahre, anhält.

Aber die Zeiten ändern sich, Mädchen wie Jungen werden älter und erwachsener. In der Pubertät gewinnt plötzlich das andere Geschlecht an Reiz. Für Mädchen werden Jungen spannend. Sie hängen sich jetzt Männerbilder im Zimmer auf und versuchen auf unterschiedlichstem Wege, mit Jungen in Kontakt zu kommen. Bei den Jungen ist das genauso. Sie interessieren sich zwar immer noch für ihre Freunde, wollen jetzt aber auch immer wieder etwas mit Mädchen machen, deren Treiben sie mit Neugierde beobachten. „Wir müssen zum Fest am Samstag unbedingt auch Mädchen einladen, sonst wird es nur halb so gut!", heißt es jetzt plötzlich. Und jetzt gibt es auf einmal nichts Schöneres, als von seinen Kumpeln gesehen zu werden, wenn man mit der Iris durch die Stadt bummelt. Hoffentlich haben es die anderen Mädchen aus der Klasse ja mitbekommen, dass der Nikolas die Larissa zum Schwimmen eingeladen hat. Falls nicht, kann die Larissa es morgen ja noch all den anderen Mädchen erzählen.

Die Großen sind wirklich nicht ganz einfach zu verstehen! Aber du wirst sehen, auch du wirst groß, und dann wird es dir ganz genauso gehen.

20. Es ist spannend, die Großen zu beobachten

Kaum gehört man zu den Großen, hat man nur noch Blicke für das andere Geschlecht. Die Eltern jammern: „Nichts hat der Bub mehr im Kopf als die Mädchen!" „Jeder ihrer Gedanken kreist um die Jungen, wenn sich doch ein einziger Gedanke mal zu ihren Hausaufgaben verirren würde!" Aber wenn die Eltern selbst ein paar Jahre zurückdenken, erinnern sie sich mit Sicherheit, dass diese Zeit bei ihnen sehr ähnlich verlaufen ist. Es wird geflirtet, ein heißer Tanz aus Blicken, Bewegungen und Worten. Für Nichtverliebte sieht es eher nach einem Theaterstückchen zum Totlachen aus, für Verliebte ist es eine ganz ernste Sache mit Herzklopfen, Atemnot und glühend roten Wangen. Sie stolpern über 5 cm hohe Hindernisse, kommen bereits bei einem einzigen Satz ins Stottern und benehmen sich so ungeschickt, als ob sie gerade erstmals lernen würden, ihre Finger zu bewegen. Habt Mitleid mit den verliebten großen Geschwistern oder älteren Freunden oder Bekannten. Bereits ein Hauch Alltag kann sie umwerfen!

Endlich hat es geklappt, die erste große Liebe ist an Land gezogen. Jetzt werden die Liebenden wieder etwas einfacher für ihre Umgebung. Sie machen sogar wieder ab und zu bei Familienaktivitäten mit, vorausgesetzt das geliebte Wesen ist auch dabei. Langweilig ist ihnen jetzt nur noch, wenn sie allein sind. Aber das sind sie ganz selten. Zumeist treten sie nun gemeinsam auf. Da haben sich ja zwei gefunden, sagt man, wenn zwei, eine Freundin und ein Freund, ganz oft zusammen sind. Man will damit ausdrücken, dass diese zwei wohl sehr gut zusammenpassen müssen, wenn sie so viel

Zeit gemeinsam verbringen. Da hat jeder von beiden genau so jemanden wie den anderen gesucht – und sie oder ihn tatsächlich gefunden. Eine tolle Sache, einen richtigen Freund oder eine richtige Freundin zu haben. Beide haben das Gefühl, wirklich zusammenzugehören. So ist es auch verständlich, dass man wirklich jede freie Minute zusammen verbringen möchte. Ein tolles Erlebnis wird dadurch, dass die Freundin oder der Freund dabei sind, noch mal so schön. Du weißt ja noch: Geteilte Freude ist doppelte Freude! Man freut sich am Aussehen des anderen, an dem, was er sagt und macht, wie er duftet, tauscht die Kleider und macht sich schön füreinander.

Dieses Glücksgefühl möchte man sich natürlich durch nichts zerstören lassen und auch nicht womöglich selbst durch eine Unachtsamkeit kaputtmachen. Und so überwacht man eifersüchtig, wie andere sich dem Freund oder der Freundin nähern. Falls er oder sie „zu nett" reagieren, wird man sauer aus Angst, ihn oder sie zu verlieren. Diese Situationen sind oft gar nicht einfach, da verliebte Menschen so verletzlich sind. Wenn man jemanden liebt, so öffnet man sich, und falls ein Schatten auf die Liebe fällt, ist man dem Schmerz ganz schutzlos ausgeliefert. So toll Liebe ist, sie kann auch Kummer machen. Und dann scheint die Welt unterzugehen. Niemand – außer der Geliebten oder dem Geliebten – kann Liebeskummer trösten. Aber Gott sei Dank geht auch der schlimmste Liebeskummer wieder vorbei. Und mit ein bisschen Glück verliebt man sich erneut, ganz arg und ganz toll. Und das Spiel beginnt von vorne! Wieder sieht man zwei knutschend im Hauseingang stehen, die sich bereits 27-mal verabschieden für eine Stunde Klavierunterricht. Lach nicht, irgendwann packt dich die Liebe. Ich wünsche es dir von Herzen!

21. Jetzt sei doch einfach mal neugierig und frag!

So, jetzt sind wir am Ende des Buches angekommen. Ich hoffe, dass ich dir einige deiner Fragen beantworten konnte.

1.

Ich wollte dir zeigen, wie wichtig es ist, seine Gefühle zu zeigen und zu sagen, ob man etwas gut oder nicht gut findet. Nur so können deine Familie und deine Freunde, aber auch die Lehrerinnen und Lehrer in der Schule oder die Mitglieder deiner Jugendgruppe, einfach alle Menschen, denen du begegnest, erkennen, wie es dir geht, was du dir gerade von ihnen wünschst und was du wirklich nicht haben möchtest. Und die anderen müssen dir ihrerseits ihre Gefühle zeigen, damit du ihnen eine Freude machen kannst und sie nicht beleidigst oder unglücklich machst.

2.

Immer, wenn du nach einer Antwort suchst, bist du alt genug, diese Frage zu stellen. Völlig egal, was dich im Moment interessiert. Und du hast das Recht auf eine Antwort, und zwar auf eine Antwort, die du auch verstehen kannst. Es gibt keine dummen oder gar bösen Fragen. Und schon gar nicht, wenn es ums Liebhaben geht. Du musst doch wissen, was Liebe bedeutet und wie man Liebe macht, denn so bist du ja auch entstanden. Und das ist ganz klar spannend für dich.

3.

Etwas zusammen machen, bedeutet, es nicht allein zu machen. Jetzt verstehst du sicher, was ich mit diesem komischen Satz meine. Es geht um Gemeinsamkeit. Jeder soll mit seinen Ideen und Wünschen die Freundschaft mitgestalten. Man spricht sich ab, kann seine Gedanken sagen, wägt ab und sucht eine Möglichkeit, die beide glücklich macht.

4.

Ein Nein muss man beachten wie eine rote Ampel: Halt, keinen Schritt weiter, sonst gibt es Scherben und Dellen! Freundschaft und Liebe leben vom Ja, aber erst wenn sie auch ein Nein verkraften, haben sie ihre wichtigste Prüfung bestanden.

5.

Wenn jemand sagt: „Also, ein Junge oder ein Mädchen macht das oder das und jenes nicht!", dann frag doch: „Welcher Junge, welches Mädchen, bitte?" Denn du weißt, dass alle Menschen Einzelstücke sind, die Fähigkeiten, Vorlieben, Schwächen, tolle Seiten und ihre ganz speziellen Probleme haben, Mädchen wie Jungen, Frauen wie Männer. Du bist was Besonderes, weil du so bist, wie du bist!

6.

Ein Stückchen unterhalb des Bauchnabels haben Mädchen ihre Schamspalte mit Kitzler, Harnröhrenöffnung und Scheidenöffnung, Jungen haben hier ihr Glied mit der Harnröhrenöffnung und den Hodensack mit den zwei Hoden drin. Das sind die äußerlichen Unterschiede zwischen Jungen und Mädchen, ansonsten können sie sehr ähnlich aussehen.

7.

Du und dein Körper, ihr gehört zusammen. Suche all die schönen Dinge an dir! Genieße, fordere und verwöhne deinen Körper, und du wirst dich in deiner Haut wohl fühlen!

8.

Kein Mensch muss küssen. Küssen und Anfassen, überhaupt körperliche Nähe zu jemandem, sind etwas so Schönes, dass es keine Pflichtübung sein darf und auch kein Zeichen für ein liebes Kind! Der einzige Grund zu küssen ist, dass man Lust auf Küssen hat. Küsschen und Anfassen gibt es nicht auf Kommando.

9.

Auf jemanden Rücksicht nehmen, der auf dich keine Rücksicht nimmt, brauchst du nicht. Ein Kind zu bedrängen, darf kein Geheimnis sein, das ist feige. Immer, wenn du dich nach Hilfe sehnst, hol dir Hilfe. Überwinde deine Angst, es kann nur besser werden. Und ich verspreche dir, viele werden dir helfen.

10.

Zu Hause ist alles anders. Zu Hause kannst du dich viel ungezwungener verhalten, dich auch mal gehen lassen, dich entspannen, dir alles einfach machen. Hier wirst du nicht von fremden Augen beobachtet. Hier bist du unter deinesgleichen. Hier holst du dir die Kraft für die Welt vor der Haustür.

11.

Die Scham ist wichtig und richtig. Sie kommt genau zu dem Zeitpunkt, an dem du sie brauchst: wenn dich fremde Blicke auf deinem nackten Körper stören, wenn du nicht möchtest, dass man dich bei ganz Persönlichem beobachtet, wenn du dich nicht mehr überall berühren lassen willst. Dann hilft sie dir, solche Situationen zu vermeiden.

12.

Busen und Monatsblutung, Erektionen und Samenergüsse sind ganz auffällige Veränderungen in der Pubertät, in der Zeit, in der aus einem Mädchen eine Frau und aus einem Jungen ein Mann wird. Anfangs werden dich diese Veränderungen verunsichern, doch bald wirst du feststellen, dass diese Veränderungen zu dir gehören und dein Leben noch reicher machen. Lass dir Zeit und genieße es, eine Frau oder ein Mann zu werden.

13.

Menschen sind in der Lage, sich ihre Zuneigung und ihr gemeinsames Glück durch körperliche Liebe zu zeigen und zu festigen. Beide Liebenden müssen diese Stärke der Gefühle und diese atemberaubende Nähe wollen, ja sich danach sehnen, damit es wirklich ein „Miteinanderschlafen" und gemeinsames Erreichen des Glückshöhepunktes gibt.

14.

Jetzt weißt du, wie ein Kind entsteht und im Mutterleib heranwächst, bis es reif genug ist, auf die Welt zu kommen. Jetzt weißt du, warum Geburtstage gefeiert werden, weil das wirklich ein Grund zum Feiern ist.

15.

Wenn zwei, die sich lieben, miteinander schlafen, besteht während der fruchtbaren Tage der Frau die Möglichkeit, dass Samenzellen auf ein reifes Ei treffen. Dann kommt es zu einer Schwangerschaft. Aber der Wunsch, miteinander Liebe zu machen, hat zuerst nichts mit dem Wunsch nach einem Kind zu tun. Wenn man sich „nur" lieben möchte, muss man eine Schwangerschaft verhüten. Ein Kind soll nicht aus Versehen passieren, sondern weil man es sich wünscht, als Höhepunkt der gemeinsamen Liebe.

16.

Die Liebe ist etwas ganz Besonderes. Wann und wen sie trifft, weiß keiner zuvor. Es gibt Liebe auf den ersten Blick. Aber auch gegenseitiges Interesse, das langsam zu Zuneigung und schließlich zu Liebe wird. Manchmal konnten sich zwei als Kinder überhaupt nicht ausstehen, haben sich dann aus den Augen verloren und nach Jahren erst wiedergesehen – und nun ist es passiert, sie lieben sich. Meistens lieben Frauen Männer, und Männer lieben Frauen. Wenn auch seltener, aber genauso tief und beglückend kann die Liebe zwischen zwei Frauen oder zwischen zwei Männern sein.

17.

Wenn in allen Familien alles gleich wäre, wäre dies eine höchst langweilige Angelegenheit. Vielleicht fühlst du dich bei manchen Familien nicht ganz so wohl und spielst deshalb mit deren Kinder lieber draußen oder bei euch zu Hause. Ich bin aber auch sicher, dass du zu einigen Kindern deshalb so gerne nach Hause gehst, weil es dort eben anders ist als bei euch zu Hause. Auch gut, aber eben anders geht es dort zu. Dort gibt es vielleicht viele Geschwister oder endlich mal keine Geschwister, mitunter keinen Papa, aber dafür eine Superoma oder einfach immer mindestens acht Leute, die um den Esstisch herumsitzen und dauernd Leben in die Bude bringen. Und dort gibt man dir das Gefühl, dass alle sich freuen, dass du zu ihrem Kind oder ihren Kindern auf Besuch gekommen bist.

18.

Schimpfst du auch manchmal kräftig rum, wenn du eine dicke Wut auf dich oder andere hast? Und lässt du dann auch Dampf ab, indem du mit beleidigenden Ausdrücken um dich schleuderst? Durchaus verständlich, aber überleg dir, ob du manche Ausdrücke, nachdem du nun ihre Bedeutung kennst, noch sagen möchtest.

19.

Mädchen machen in den Augen von Jungen und ebenso Jungen in den Augen von Mädchen im Laufe der Jahre bis zur Pubertät einen ungeheuren Bedeutungswandel durch. Zuerst sind alle Kinder mögliche Mitspieler, egal ob Junge oder Mädchen. Dann zieht man einige Jahre zum Spielen und Zusammensein das gleiche Geschlecht vor und zeigt dem anderen die „kalte" Schulter. Doch später beginnt der Reiz des anderen Geschlechts zu locken, und er wird so oft wie möglich genossen.

20.

Bei deinen großen Geschwistern oder bei dir bekannten Jugendlichen kannst du schon mal beobachten, was erste Liebe bedeutet. Wie sie Verliebte plötzlich verändert, so dass man sie kaum wiedererkennt. Auch wenn du jetzt noch sagst, so total verrückt werde ich mich nie wegen einem Mann oder wegen einer Frau benehmen, wart es ab: Es wird dir – erfreulicherweise – mit deiner ersten großen Liebe ähnlich gehen!

Nach all diesen Kapiteln kann es aber trotzdem sein, dass du irgendetwas noch nicht ganz verstanden hast. Vielleicht fallen dir in einiger Zeit auch noch weitere Fragen ein, wenn du irgendwo etwas Neues gehört oder etwas für dich Unverständliches gesehen oder erlebt hast. Oder weil du jetzt plötzlich auch zu den „Großen" gehörst und manche Dinge für dich wichtig werden, die du zuvor nur überlesen hast. Dann lohnt sich nochmals ein Blick ins Buch, oder frag einfach deine Eltern. Oft werden sie dir deine Fragen sofort beantworten können. Wenn es mal eine wirklich schwierige Frage ist, dann könnt ihr ja in einem Nachschlagebuch die Antwort gemeinsam suchen.

„Frag doch, wenn du etwas nicht verstehst!" Diesen Satz hast du bestimmt schon oft gehört. Kinder dürfen fragen, sollen sogar fragen, damit sie etwas lernen und auch komplizierte Zusammenhänge im Laufe der Zeit immer besser verstehen. Das neugierige Erkunden ist der starke Motor deines Wissensautos, mit dem du gut vorwärts kommst. „Heute haben sie mir wieder Löcher in den Bauch gefragt!", stöhnt die Mutter lächelnd beim Abendessen. Selbst wenn sie ein bisschen genervt scheint, so ist sie doch stolz, so aufmerksame und interessierte Kinder zu haben. Über Berufe, Tiere, Pflanzen, das Weltall, Zauberei – auf alles versuchen die Erwachsenen dir möglichst schnell und klar eine befriedigende Antwort zu geben. Doch vielleicht ist dir schon aufgefallen, dass viele bei Fragen über Liebe, Körper und Sexualität, die ja ganz wichtig sind, zuerst verwundert schauen, etwas lächeln, ein bisschen rot werden und manchmal sogar beim Antworten ins Stottern kommen oder sagen, dass sie dir das alles später mal – wenn mehr Zeit ist – erklären werden. Hier reagieren manche Erwachsene unsicher. Das liegt nicht daran, dass sie keine Ahnung von der Liebe haben oder gar deine Frage blöd finden, das liegt ganz einfach daran, dass sie als Kinder zwar dieselben Fragen wie du hatten, jedoch mit ihren Eltern oder Lehrerinnen und Lehrern nicht so offen darüber sprechen konnten, wie das heute möglich ist. Wenn sie diesen kleinen Schreckmoment überwunden haben und du sie ermunternd anlächelst, werden sie dir antworten.

Hab also keine Angst, deine Eltern zu fragen und mit ihnen über all die Dinge zu sprechen, die dich beschäftigen oder die andere Kinder dich gefragt haben. Ihr liebt euch, also seid ihr Spezialisten, um über Liebe zu sprechen!

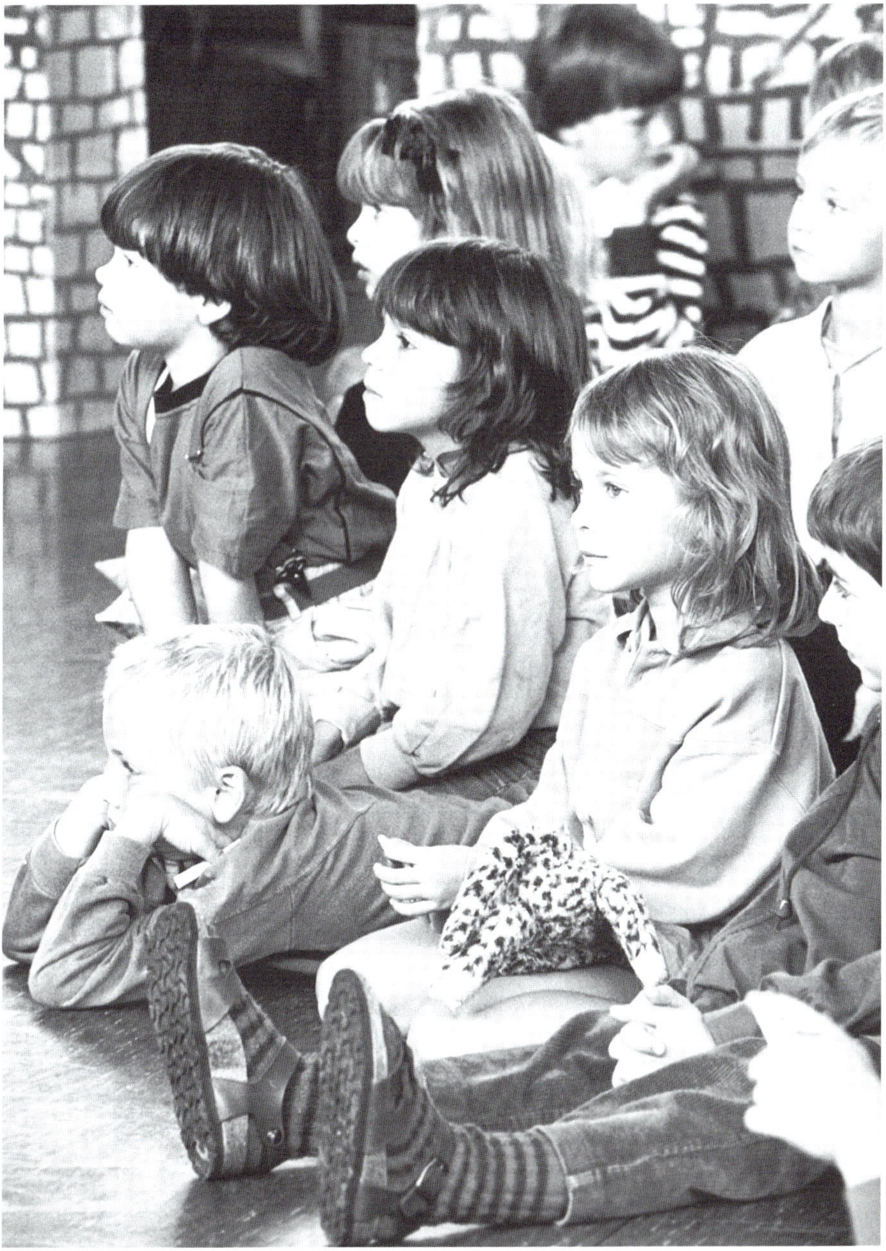

Noch einige Worte an eure Eltern

„Woher kommen die kleinen Jungen und Mädchen" ist ein Aufklärungsbuch, aber sicher nicht im üblichen Sinne. Natürlich wird die Herkunft von Jungen und Mädchen geklärt, doch ist das nicht das einzig Spannende. Das Buch soll Wissen vermitteln, aber es soll auch Vertrauen wecken in die eigenen Gefühle, in den eigenen Körper und in die Fähigkeit, mit anderen zusammenzuleben. Es soll auf eine Liebespartnerschaft zwischen selbstbewussten, einander zugeneigten, aber nicht voneinander abhängigen Menschen vorbereiten.

Sexualerziehung gehört zur Persönlichkeitsbildung. Nicht zu verstehen als isolierte Lerneinheit, sondern als eine das menschliche Miteinander wie auch die kindliche Sexualentwicklung begleitende alltägliche Erfahrung. Deshalb darf sie nicht erst in der Pubertät, dem Startzeitpunkt des Sexualitätsverständnisses Erwachsener, beginnen.

In den Kindheitsjahren hat Sexualerziehung viel mit Bindungs- und Akzeptanzerfahrung zu tun, mit Hautkontakt und Geborgenheit, mit Respekt vor dem kindlichen Körper, vor kindlichen Gefühlen und kindlicher Persönlichkeit. Die Bejahung des eigenen Körpers und der damit verbundenen Gefühle, aber auch das Erlebnis, seinen Körper schützens- und liebenswert zu finden, können in dieser Zeit beginnen. In der Kindheit wird man in der Familie und im Kreis der Gleichaltrigen mit den genussvollen, aber auch den aufwendigen Seiten von Gemeinsamkeit vertraut. Vielleicht fühlt man gerade auch in dieser Zeit besonders gut, was Verantwortung für ein Kind bedeutet und welch ein Glück es ist, ein geliebtes Kind zu sein.

Womit man als Erwachsener nicht immer rechnet, ist die Tatsache, dass Kinder einerseits zwar sexuelle Zusammenhänge, auf die sie im Alltag automatisch stoßen, mit viel Aufmerksamkeit, aber persönlich unbeteiligt, ohne große Emotionen oder gar erotische Gefühle zur Kenntnis nehmen, andererseits jedoch nicht oft genug hören können, dass sie in Mamas Bauch sehnlichst erwartet und dann auch sofort geliebt wurden. Die für diese Zusammenhänge nötigen Emotionen sind bereits voll entwickelt. Geborgenheit und sexuelle Lust, zwei Gefühle, die bei Erwachsenen – wenn sie großes Glück haben – bei ein und derselben Person gefunden werden, sind für Kinder zwei getrennte Welten, wobei sie letztere noch nicht kennen.

Tagtäglich erlebt ein Kind sich in verschiedensten Situationen als Mädchen oder Junge, nicht zuletzt durch den Umgang der anderen mit ihm, meist durch Anforderungen oder Verbote. Jetzt wird es wichtig, zu sich selbst zu finden, und auch hierbei braucht man Unterstützung und Rückendeckung, vor allem von seinen Eltern.

Zur Geschichte dieses Buches

Kurt Seelmann, 1900 – 1987, war Erziehungsberater, Psychotherapeut und Leiter des Stadtjugendamtes München. Noch während allgemein das „Zeitalter des Storches" herrschte, schrieb er das kindgemäße und für damalige Verhältnisse ausgesprochen progressive Aufklärungsbüchlein *„Woher kommen die kleinen Buben und Mädchen?"*. 1961 in erster Auflage erschienen, wurde es in den folgenden Jahren und Jahrzehnten mehrfach überarbeitet und in neun Sprachen übersetzt. Dabei wurde die behutsame, liebevolle Sprache stets beibehalten und Sexualerziehung immer schon als Teil der Persönlichkeitserziehung begriffen. Mehr als 800.000 Exemplare dieses Aufklärungsklassikers wurden bis heute verkauft.

Für die hier vorliegende 20. Auflage wurde das Büchlein völlig neu überarbeitet von Priv.-Doz. Dr. rer. nat. **Gabriele Haug-Schnabel,** Mutter zweier Kinder (Nikolas war während der Arbeit an dieser Neuauflage 11 Jahre alt, Anouk wurde gerade geboren). Sie ist Verhaltensbiologin an der Universität Freiburg, Gesellschafterin der Forschungsgruppe Verhaltensbiologie des Menschen und Autorin mehrerer Fachbücher zum kindlichen Verhalten. In Aus- und Fortbildungseinrichtungen ist sie Referentin für Erzieher, Pädiater, Kinder- und Jugendpsychiater, klinische Verhaltenstherapeuten und Sozialpädagogen.

„Kinder sind Kinder"

Unter dieser alten und doch immer wieder neuen Erkenntnis bietet diese Reihe Rat und Informationen all denen, die täglich mit Kindern zu tun haben. Die Ratgeber helfen, Probleme richtig zu erkennen, zu vermeiden oder ihren Anfängen entgegenzuwirken. In handlichen Taschenbüchern werden von fachkundigen Autoren aktuelle Themen aus dem Alltag mit Kindern dargestellt.

Linkshändige Kinder in Familie und Schule
Von Alfred Zuckrigl

Wenn ein Kind anfängt zu stottern
Ratgeber für Eltern und Erzieher
Von Erwin Richter

Kinder erleben und verstehen
Von Gertraud Kietz

Schule – unheimlich wichtig
Von Heinrich Kratzmeier

Müssen Legastheniker Schulversager sein?
Von Beate Lohmann

Unser Kind ist ungeschickt
Hilfen für das bewegungsauffällige Kind
Von Ernst J. Kiphard

Fünf Fragen an den Elternberater
Zählenlernen, Farbenkennen, Geschwisterverhalten, Bettnässen, Straßenverkehr
Von Heinz-Lothar Worm

So lernen Kinder sprechen
Die normale und die gestörte Sprachentwicklung
Von Erwin Richter

Vertrauen und Verantwortung zwischen Kindern und Erwachsenen
Von Francis X. Walton und Robert L. Powers

Der Übergang von der Familie zum Kindergarten
Anregungen zur Gestaltung der Aufnahme in den Kindergarten
Von Manfred Berger

Eine kleine Heilpädagogik
Vom Umgang mit schwierigen Kindern
Von Andreas Mehringer

Kinder brauchen Abenteuer
Von Thomas Lang

Unser Kind ist hochbegabt
Ein Leitfaden für Eltern und Lehrer
Von Franz J. Mönks und Irene H. Ypenburg

Ernst Reinhardt Verlag · Postfach 38 02 80 · 80615 München

Bildnachweis

Umschlagbild und Zeichnungen Seiten 4, 13, 17, 28, 31, 43, 52,
53, 56, 58, 61, 62, 63, 65: Aiga Rasch, Leinfelden-Echterdingen
Fotos Seiten 5, 11, 14, 24, 46, 72, 77, 81, 85, 89, 99: Luke Golobitsh, Bonn
Foto Seite 37: Gabriele Haug-Schnabel, Freiburg
Foto Seite 66: © ELTERN/Raith
Foto Seite 67: © Bilderdienst/Süddeutscher Verlag, Gerd Pfeiffer

Layout: Helga Kogge, München

Die Deutsche Bibliothek – CIP-Einheitsaufnahme

Seelmann, Kurt:
Woher kommen die kleinen Jungen und Mädchen? : Ein Buch
zum Vor- und Selberlesen / Kurt Seelmann ; Gabriele Haug-
Schnabel. Mit Zeichn. von Aiga Rasch und Fotos von Luke
Golobitsh. – 20., völlig neu bearb. und neugestaltete Aufl. –
München ; Basel : E. Reinhardt, 1996
  19. Aufl. u.d.T.: Seelmann, Kurt: Woher kommen die kleinen Buben
  und Mädchen
  ISBN 3-497-01377-3
NE: Haug-Schnabel, Gabriele:

© 1996 by Ernst Reinhardt, GmbH & Co, Verlag, München

Dieses Werk, einschließlich aller seiner Teile, ist urheberrechtlich geschützt. Jede Verwertung außerhalb der engen Grenzen des Urheberrechtsgesetzes ist ohne schriftliche Zustimmung der Ernst Reinhardt, GmbH & Co, München, unzulässig und strafbar. Das gilt insbesondere für Vervielfältigungen, Übersetzungen in andere Sprachen, Mikroverfilmungen und für die Einspeicherung und Verarbeitung in elektronischen Systemen.

Printed in Germany